家山国河
西山永定河文化展

首都博物馆 编

Great Mountains and River as Homeland
—Exhibition of Xishan-Yongding River Cultural Belt

科学出版社
北 京

首都博物馆　书库

丁种　第伍拾壹部
《山河·家国——西山永定河文化展》

首都博物馆编纂委员会

主　任　郭小凌
副主任　白　杰　韩战明
委　员　靳　非　齐密云　黄雪寅　杨文英　杨丹丹　龙霄飞
　　　　彭　颖　齐　玫　鲁晓帆　刘绍南　黄春和
编　辑　孙芮英　张健萍　杨　洋　裴亚静　杜　翔　龚向军　李吉光

图书在版编目（CIP）数据

山河·家国：西山永定河文化展 / 首都博物馆编. — 北京：科学出版社，2019.11

ISBN 978-7-03-063198-5

Ⅰ. ①山… Ⅱ. ①首… Ⅲ. ①博物馆—历史文物—介绍—门头沟区 Ⅳ. ①K872.13

中国版本图书馆CIP数据核字（2019）第246875号

责任编辑：张亚娜　闫广宇 / 特约编辑：杨　洋
责任校对：邹慧卿 / 责任印制：肖　兴
书籍设计：北京美光设计制版有限公司

科 学 出 版 社 出版
北京东黄城根北街16号
邮政编码：100717
http://www.sciencep.com

北京华联印刷有限公司 印刷
科学出版社发行　各地新华书店经销

*

2019年11月第 一 版　开本：787×1092　1/8
2019年11月第一次印刷　印张：23 1/2
字数：364 000

定价：208.00元

（如有印装质量问题，我社负责调换）

山河·家国
——西山永定河文化展
Great Mountains and River as Homeland
—Exhibition of Xishan-Yongding River Cultural Belt

主办单位	中共北京市门头沟区委　北京市门头沟区人民政府　北京市文物局
承办单位	中共北京市门头沟区委员会宣传部　首都博物馆
总 策 划	张力兵　付兆庚　舒小峰
出 品 人	张金玲　白　杰
总 监 制	马占军　韩战明　杨文英
监　　制	张　昕　谭晓玲　吴　明
责 任 人	高学雷　吴　锟　魏　强　郑　好　杨　烨　刘　佳
内容撰写	中共北京市门头沟区委员会宣传部
展陈设计	钟　梅
文物管理	韩　冰　柳　彤　马悦婷　杨静兮　王显国　于力凡　王丹青　李　兵
	杨丽丽　邢　鹏　祁普实　马英豪
灯 光 师	索经令　吕　欧
摄 影 师	谷中秀　梁　刚　张京虎　朴　实　罗　征
图片编辑	白　琳　韩　晓　杨　妍

首都博物馆

Capital Museum，China

中国北京西城区复兴门外大街 16 号 100045

16 Fuxingmenwai Street, Xicheng District, Beijing 100045,

P.R.China.

中文网站: http://www.capitalmuseum.org.cn

English website: http://en.capitalmuseum.org.cn

官方微博　　　官方微信　　　数字出版

致辞

"永定河出西山、碧水环绕北京湾",西山永定河文化带是首都建设全国文化中心"一核一城三带两区"的重要部分,是北京的文明之源、历史之根、文化之魂、生态之基。本次文化展筹备历时两年,是对西山永定河文化的一次集中展示,系统完整、规模空前,全面深刻地阐释了西山永定河文化丰厚博大的精神内涵,对推进下一步文化带建设具有重要意义。同时,展览恰逢中华人民共和国成立70周年庆祝活动,也是老区人民向祖国母亲七十华诞献上的一份深情贺礼。

永定河是北京的母亲河,绵延170千米,溯寻了170万年来的人类文明起源,串联起首都700年历史脉络和家国变迁,孕育了沿岸秀美风光和京味民俗,留下了宝贵的古村古道和历史遗迹,也塑造了胸怀"山河家国""讲奉献、争第一"勤劳勇敢奋进的门头沟人民。

"弘扬文化"是我区区域发展总原则的重要组成部分,传承好、弘扬好西山永定河文化是当代门头沟人的重要历史使命。目前,永定河文化博物馆新馆已经在长安街西延线和永定河交汇处完成选址,我区正在全力推进相关工作,努力将其打造成为京西文化新地标。相信在市委、市政府的正确领导下,在市相关部门的大力支持下,在各位专家学者的积极参与下,门头沟人必定能够传承好红色基因、续写红色传奇,绘好生态底色、争当生态文明建设的首都样板,讲好新时代的门头沟故事、当好"两山"理论守护人,让西山永定河文化带建设在门头沟区结出丰硕成果,为首都全国文化中心建设贡献力量。

在此,我真诚地邀请大家,金秋到门头沟走一走,看一看"再度流动起来"的母亲河,看一看"此山红过万山红"的京西群山,感受一下文明之源的文脉风情,感受一下西山永定河的山水乡情,感受一下老区人民的热心热情。

预祝本次文化展圆满成功!

中共门头沟区委副书记、区长 付兆庚

2019 年 9 月 12 日

致辞

2019年，首都博物馆工作聚焦"一核一城三带两区"，展示首都文化魅力，提升城市文化品质，服务全国文化中心建设，在提供公共文化服务方面继续迈出坚实步伐。"山河·家国——西山永定河文化展"即是在这一背景下，具体落实"三个文化带"建设重大任务部署，推动文化带的保护、研究、展示和传播工作而隆重推出的阶段性成果。

"大运河文化带""长城文化带""西山永定河文化带"三个文化带的规划建设、保护发展，对北京实现中央确定的城市战略定位，特别是建设全国文化中心和世界文化名城，有着全面、系统和决定性的支撑作用。"三个文化带"与老城是一个生命共同体，既蕴含着北京文化的历史源流，又潜藏着北京发展未来的文化景象和生命机理。

"永定河出西山，碧水环绕北京湾"，一曲《卢沟谣》唱出了北京的地貌轮廓和生态本底。同时，西山永定河文化带的文化主体非常多元，文化内容极其丰富。从人类的起源、北京城市的诞生和成长、意识形态的奠定和发展等路径探索，西山永定河都是"北京之源"的源头活水。"西山永定河文化带"最有条件讲述完整的"北京故事"，展示和传播北京的文明之源、历史之根、文化之魂、生态之基的内涵和价值。

山水相拥、生态良好、历史悠久、人文荟萃的"西山永定河文化带"，孕育出"山水人和，家国情怀"的文化精神，也是中国人地关系哲学"人与自然和谐共生"思想的集中表现地，是北京人的精神家园！我们希望通过此次展览展现西山永定河文化中交相辉映的古都文化、红色文化、京味文化和创新文化特征，和它在中华文明源远流长的历史进程中的光辉印迹！

让我们由古及今，面向未来！

首都博物馆 党委书记 白　杰

馆　　长 韩战明

2019年9月12日

目录

山河不尽，与古为新
——从城址变迁和城市形态看西山永定河与北京城
.... 1

前言 7

    一　西山、永定河地质纪事 8

    二　西山、永定河的地理研究 10

第一单元　文明交汇之径 13

    一　人类足迹 14

    二　封国肇始 23

        （一）古史传说与古城遗迹 23

        （二）西周燕都 24

        （三）春秋时期山戎文化 37

    三　民族竞汇 41

        （一）从蓟城到幽州 41

        （二）从辽南京到元大都 50

第二单元　都城繁盛之源 61

    一　水育都会 62

        （一）引水兴城 62

        （二）永定河治理 71

    二　给养繁华 75

        （一）城建物资 75

        （二）京西煤业 85

    三　古道名村 92

        （一）京西古道 92

        （二）京西古村落 99

第三单元　文化传承之根 105

    一　山水御苑 106

        （一）园林胜境 106

        （二）王公墓葬 123

    二　民间盛会 136

        （一）民间崇拜 136

        （二）香会技艺 145

        （三）民俗演艺 149

    三　红色征程 153

        （一）红色先驱在京西 153

        （二）平西抗日根据地 160

        （三）为新中国奠基 174

结语 177

山河不尽，与古为新

——从城址变迁和城市形态看西山永定河与北京城

郑 好

巍巍高山与汤汤流水，是绵延大地的变幻轮廓，是化生万物的奥妙宝库，是富含深意的哲学隐喻，是中国古典审美中独有的情怀境界。北京西拥太行，北枕燕山，东临渤海，位于华北平原、东北平原、内蒙古高原的交汇地带，阡陌交通，河湖纵横，山河首先是构建社会实体的自然本底。被山带河的自然环境让北京成为早期人类选择栖息、繁衍的圣地。作为区域间交通枢纽的开放性与包容性，也让北京逐步发展壮大，由"僻处北隅"的方国都邑择为"天下之中"的国家都城。

北京有三千多年的建城史，任朝代更迭，北京小平原上的城址却不曾远距离迁移，并且形成几代城址部分叠压的现象，显示出适应多个历史时期发展的都城选址的极佳方案。北京历史上的城市发展都集中于永定河从西山山脉层层山岭穿越而出形成的冲积扇平原上，土地丰泽膏腴，湖泊和地下水丰富。不同时期的永定河和古河道发育过程中形成的潴水和潜水，还为契合"移天缩地"的人工山水融入自然山水的审美旨趣，和维系"漕运通济"的人工水道嵌套于天然水道的政治生态提供了必要条件，反映出城市选址的长远规划和寻求人地关系和谐的顶层设计。

一、势有地利

北京地区城市发展的历史由周初分封于此的蓟、燕二国都城开始。学者们通过对《史记·周本纪》记载的深入辨析，认识到蓟、燕并不是同时受封。武王时封蓟，成王时封燕，两国一前一后，相隔不到10年，各自营建城池。蓟城与燕城的并存、对峙，是北京地区最早的城市地理格局。

燕国初立的城址位于今房山区董家林村，城址建在大石河东北岸的一块高台地上。这座城当时应名为"燕城"，其所傍临的山川被《山海经》称为"燕山""燕水"，山中出产"婴石"（燕石，即汉白玉）。"燕山""燕水"便是今房山区的大房山和大石河。大石河在《水经注》中被称为"圣水"，其下游琉璃河镇以北之地古称"圣聚"。值得注意的是，距今50万～23万年[1]的周口店北京人也在这一区域持续活动。而西汉在今北京地区置县也以房山区最多，有广阳、良乡、西乡3个，可见人口稠密。这些都与居大石河冲积扇上部，地势较高，水泉旺盛，交通便利，适宜农业生产发展的地理条件密不可分。

与董家林燕都不同，蓟城早期营建的历史只见于文献的记载，而没有考古学文化遗迹遗物的印证。从和平门到广安门这片区域，曾发现分布着大量战国到汉代的陶井。陶井是生活设施，它的密集分布说明人口的大量聚集，两千年前，人口大量聚居的地方当是城市。同时，广安门桥以南七百米处的护城河西岸，曾发现有大量的绳纹陶片、碎绳纹砖瓦和饕餮纹瓦当，只能进一步印证这里曾是两千多年以前春秋战国时代燕国的都城蓟城。西周中晚期，原在房山董家林一带的燕国吞并了微弱的蓟国，并把都城迁到地理位置更加优越的蓟城，开启"以河为境，以蓟为国"[2]的时代。在永定河北部建立中心城市，是北京城市地理格局的稳定形态，反映了北京地区城市历史地理的一个本质特点[3]。

为什么青睐蓟城的选址？侯仁之先生从山川形势、古代道路格局、自然地理环境等方面做出了系统回答[4]。近年来不断有学者在此理论基础上进行丰富和补充。从地形上看，古蓟城所在地正处在永定河两条故道古高梁河与㶟水之间的长形高地上，城址坐落在高地中段向东南弯转的地方，向阳的高地为城址提供了理想的地理环境[5]。蓟城以西，倚靠今天的老山、八宝山等浅山地带，阻挡永定河在石景山出山后形成的正面冲击。它还利用城西永定河河床上的一个潴水湖——莲花池水系作为城市主要水源。正合乎先秦城市规划思想提出的有利于取水又有利于防涝的原则。《管子·乘马》："凡立国都，非于大山之下，必于广川之上，高毋近旱而水用足，下毋近水而沟防省。因天材，就地利，故城郭不必中规矩，道路不必中准绳。"[6]都城的选址，不宜离河太远，也不宜离河太近，离河过远会用水不足，离河过近又要筑堤防洪，都城要依山川形势营筑。富裕的水源也为农田灌溉打下基础，发达的农业又支撑着古城的建设和发展。正是由于科学的选址，蓟城才得以延续发展。从战国到秦汉，又经魏晋南北朝隋唐直到辽金，持续发展了一千多年，到金中都时达到顶峰。

元大都离开蓟城故地另择新址，以金中都旧城东北郊大宁宫所在的白莲潭等湖泊为中心修筑新的都城。这片水域的上源是高梁河水系，是永定河的另一条故道，来水更加充沛。"可以断定，当时选择大都城的新址，主要是因为这里有比较丰沛的水源，包括大面积的湖泊与清澈的泉流，既为新宫的建设保证了优美的环境，又为新城的水运提供了有利条件，这些都是中都旧城所难与比拟的。"[7]大都城的设计建立在详细的地形测量和制定总体规划的基础上。侯仁之先生进一步分析认为，积水潭不仅是确定全城中轴线的主要依据，也是确定大都城东西城墙位置的标准尺度，揭示出原大宁宫附近的湖泊，特别是北部的积水潭在元大都城的规划设计中所起的关键作用[8]。明清两代依据元大都确立的城址和基本格局继续建设。

从蓟城初立，到战国燕都、唐幽州城、辽南京城、金中都城，再到元大都、明清北京城，历代城址都与永定河故道，特别是古高梁河关系密切，不曾远距离迁移。如果说在北京西部属太行山余脉的西山和北部属燕山山脉的军都山在南口附近交汇闭合后，形成向东南展开的扇形山湾的稳定环境中，选择永定河冲积扇脊部筑城是古人对宏观地理形势的参透；那么有意识地选择在河流分支围合的环境，形成两河夹城的面貌，并且以稳定的平地涌泉的湖泊水系作为经纬坐标，则是中观维度环境资源的理想配置；聚焦元大都的城市规划设计，地理因素（这里是湖泊）还成为微观的关键性控制尺度。"被山带河，四塞以为固"与"资甚美膏腴之地"兼备的理想城址的环境意象已经清晰体现，都城的势与形甲天下！

二、形为山水

城市形态是一种综合的文化景观。尽管元大都及以前的都城宫殿、坛庙、寺院、民居、城墙、城门等建筑物实体所存无几，但是都城的设计原则、基本的街道格局、水系格局都在一定程度上反映出城市的形态，其中部分特点一直保存到今天。在历代都城遵循的礼制格局、象数隐喻之外，金中都以后的城市山水格局尤其生意可观。

历史上北京城市的发展主要分别围绕莲花池水系和古高梁河水系展开。它们都是永定河在漫长岁月里变迁的遗迹，是自然对这片土地的美好恩赐。永定河的迁移发展出古清河、古金钩河、古高梁河、㶟水、无定河等故道，形成地下潜流和洼地潴水，为营造山水城市风貌提供了自然基础。城市山水格局的形成大致经历了引水入城、布局水网、筑山环水、拓展郊外的过程，调和功能性、象征意义和审美旨趣，并通过以"燕京八景"为代表的文化景观经世传承。

由蓟城发展起来的几个不同阶段的城市都依傍莲花池（西湖）水系。"㶟水又东与洗马沟水合。水上承蓟水，西注大湖。湖有二源，水俱出（蓟）县西北平地，导源（道泉）流结西湖。"[9] 湖有平地泉源，湖水下泄而成的洗马沟（相当于今莲花池河）沿蓟城西南流，又东流注入㶟水，曾是蓟城护城濠的一部分。"绿水澄澹，川亭望远"，是城外的游览胜地[10]。金中都扩建后将城外莲花池下游河道（洗马沟）纳入城内，流经皇城前龙津桥下，又东南流出城外，具有极其重要的皇权象征意义，犹如明清北京城内的金水河。已发现的金中都水关遗址，就是这条"金水河"流出中都南城墙下的遗迹。皇城内鱼藻池和皇城西门外的御苑同乐园（西华潭）的水源也来自城外西湖。

元大都城选址北移于水量丰沛的高梁河水系上。大都的城市形态体现了《周礼·考工记》的礼制思想，也是历代都城中最为接近其中描述的营国制度的，"匠人营国，方九里，旁三门，国中九经九纬，经涂九轨，左祖右社，面朝后市"。同时它又突破《周礼·考工记》关于帝都的设计规范，大胆地将古高梁河沿线的天然湖泊水系纳入到城市的整体规划中，在城市中形成以积水潭、太液池为核心的两大水系，是对《周礼·考工记》的实践补充。

北京成为都城，伴随城市性质和规模的变化，漕运成为沟通政治中心和经济中心的命脉，扩大水源提高运河的运力成为朝廷关注的大事。引永定河水济漕运成为首选，"上可以致西山之利，下可以广京畿之漕"。金、元时期，曾三次尝试开金口河连通永定河和北运河，因地势高峻、冲蚀堤岸，最终湮塞。郭守敬又提出修建白浮瓮山河引水济漕的方案，将昌平白浮泉水西引，绕过沙河与清河谷地，与诸多西山泉水合流，汇入瓮山泊，再由瓮山泊开渠引水入城，"环流于积水潭，复东折而南，出南水门，合入旧运粮河"。这条水渠就是今天的长河，是连通西北泉源与都城的主要水道。随着漕运供水将白浮泉、一亩泉、马眼泉等西山诸泉导引入城，积水潭的水量和水面较金代均有扩大，水草丰茂，鹜雁成群[11]，成为大都城内一处重要的公共游憩风景区。元代为了解决皇宫用水，重修金水河，把玉泉山水单独引入大都城内，以供御用。至此，服务都城的人工水网也基本布局成形，与天然水系脉络相通。

北京城内本没有山，明永乐年间营建紫禁城时，开修护城河和南扩西太液池挖出大量土方，加上拆毁元朝宫殿的渣土需要处理，于是运至御园（北果园），积土成山，在紫禁城背后筑起高大的屏风，形成北京城内的制高点。在紫禁城北面筑山，一是仿明初南京宫殿后面的万岁山，二是符合"背名山而面洪流，左河津而右重塞"的好风水。护城河水来自太液池，此时已开凿南海，形成"液池只是一湖水，明季相沿三海分"的布局。同时通过涵洞把护城河水引入宫城内，蜿蜒成金水河，表法天象地之意，象征天河银汉。通过筑山理水，紫禁城"背山面水"，形成与天地自然一体的审美意象。登高远望，则与西郊绵延的山水交相辉映。

海淀一带正是北京小平原的尽头，地处西北部永定河冲积扇和南口山冲积扇之间的低洼部位。山前的平原地带曾是约7000～5000年以前的永定河故道古清河流经地，地下水溢出汇集形成以瓮山泊为代表的淀泊风光；香山诸泉、玉泉山诸泉，"自山而出，鸣若杂佩，色如素练，泓澄百顷，鉴形万象"[12]；巴沟低地，平地泉涌，"潚潚四去，溑溑草木泽之"，适宜构园。

上溯金代，金章宗曾在中都西山，择山势高耸、流泉飞瀑、林壑幽深之地，以寺庙元素为基础增扩建成八大水院，开启西郊造园驻跸的先河。元代时，随着水利工程的兴修，西北郊的湖泊、飞泉已成为都下文人唱和吟咏的风景。随着明代社会经济的繁荣，海淀一带逐渐发展起繁荣的农业、私家园林及公共游览。同时伴随政治中心的北移，到明代北京逐渐成为北方的佛教中心。明代在北京西山、香山、瓮山、西湖一带大量兴建佛寺，对西北郊的风景进行规模空前的开发。历代顺应"寺随山建"的传统，把观览山水、修心养性，同参禅拜佛紧紧联系起来，用自然和宗教的力量慰藉心灵，观照生命。

清代在前代基础上，大规模营造西郊皇家园林，形成人工山水与自然山水浑然一体。围绕五座大型皇家园林，还分布有密集的农田、水网、皇家赐园、军事驻地、寺庙、陵寝、村庄等综合体。三山五园的规模和艺术成就在乾隆时期上升到极致，整个地区由早期的祭祀、游憩、园居功能为主，转变为以常朝理政、举行仪典、宗教祭祀、观稼验农、军事演练等多种重大功能组成的特别地区，大量重要的历史事件，包括民族和外交事件都发生在此，形成对紫禁城功能的重要补充。

如果说以三海和三山五园为代表的皇家园林是以"虽由人作，宛自天开"的掇山理水、移步易景取胜，借由步辇、舟楫观览山水，那么在永定河冲积扇下缘的低洼地带，湖泊沼泽棋布、水草丰美、獐鹿雉兔不可胜数的环境中设立行宫御苑，则是策马行围、军事演武的理想之地。延芳淀、南苑都曾是极富北方民族特色的苑囿，也是对秦汉苑囿之风的继承。

从皇城内海到西郊山峦，从交通要津到要塞雄关，从故都墙外到招贤纳士黄金台，都城处处美景如画。自《明昌遗事》金章宗完颜璟将燕京的八处风光名胜选定为燕京八景，"居庸叠翠""玉泉垂虹""太液秋风""琼岛春荫""蓟门飞雨""西山积雪""卢沟晓月""金台夕照"，历金、元、明、清四代，至乾隆十六年（1751年），乾隆御制《燕山八景诗》，将八景定名为"琼岛春荫""太液秋风""玉泉趵突""西山晴雪""蓟门烟树""卢沟晓月""金台夕照""居庸叠翠"，沿用至今。名称虽有变化，但景点基本相同，还都与西山永定河的雕琢浸润紧密相关。"八景"既是实景的写照，又引申出中央对四方的统御、人文与天地时序的和谐一体。人们畅游山河胜景之间，回归天地造化运转之中。王绂的《燕山八景图》、文徵明的《燕山春色图》、张若澄的《燕京八景图》、唐岱的《大房选胜图》等都是帝京风光的永恒记忆。他们画的是眼中所见的北京，抑或是心中的想象与情结。"春湖落日水拖蓝，天影楼台上下涵。十里青山行画里，双飞白鸟似江南"，文徵明《西山十二首·西湖》诗中北京的绿水青山仿佛就在眼前。北京的山水景观经由历代文人雅士的吟咏描绘，声名远扬，文脉传承。

三、道法自然

山高水长，孕育出中国文化的自然地理，也深刻塑造着中国人的思维方式。"人与自然和谐共生"是古老而年轻的命题。人地关系的一个重要表现就是城市与其周围自然地理环境的关系。研究城市城址的选择与变迁，对全面理解区域和城市的历史文化形成与共性、自然生态环境特征与演变、人居环境营建特点与历程都具有重要价值，对于加强区域文化遗产整体保护也具有现实意义。历史时期都城选址变与不变的辩证统一，历史建筑与周边环境构成的经典内涵，都反映出古人对自然环境和社会环境的审慎考察与深刻理解。"顺应自然，有节制地利用和改造自然，创造良好的居住环境，以臻向天时、地利、人和诸吉咸备，达到天人合一的至善境界。"[13]

西山永定河是北京城市的地理基础，是北京山水城市风貌的形成基础，又是重要组成部分。《北京西山永定河文化带保护发展规划》为以"一山一水"为基本骨架的宽带状文化区的保护和发展提供了科学依据和实施路径，但理解和展示西山永定河文化的内涵和价值不应局限于规划界定的范围。西山永定河文化带与老城是一个生命共同体。山水交融的地理环境对北京城原始聚落的形成、城址的转移、城市规划等都产生了深刻的影响；而北京城市地位的变化和影响力的提升，也连续深刻烙印在自然山水中，形成迭加更新的文化景观群。西山永定河文化带中文化主体的影响力是多元、散点和不均衡分布的，需要抽象出组织复杂而内容丰富的核心，这个核心当是其与北京老城的一体一脉。山是骨骼，水是血脉，和合为一体，筋脉通流而有生气。

注释

[1] 夏明：《周口店北京猿人洞骨化石铀系年龄数据——混合模式》，《人类学学报》1982年第2期，第191~196页。
[2] （清）王先慎撰，锺哲点校：《韩非子集解》卷二《有度第六》，《新编诸子集成》，中华书局，1998年，第31页。
[3] 唐晓峰：《蓟、燕分封与北京地区早期城市地理问题》，《中国历史地理论丛》1999年第1期，第117页。
[4] 侯仁之、金涛：《北京史话》，上海人民出版社，1980年，第10~14页。
[5] 岳升阳、徐海鹏、孙洪伟：《古蓟城地貌景观的演化》，《水土保持研究》2001年第2期，第35、36页。
[6] （清）黎翔凤撰，梁运华整理：《管子校注》，中华书局，2004年，第83页。
[7] 侯仁之：《历史地理学的理论与实践》，上海人民出版社，1984年，第160页。
[8] 侯仁之：《北京旧城城市设计的改造——新中国文化建设的一个具体说明》，《城市问题》1984年第2期，第11~13页。
[9] （北魏）郦道元著，（清）王先谦校：《合校水经注》，中华书局，2009年，第216页。
[10] （北魏）郦道元著，（清）王先谦校：《合校水经注》，中华书局，2009年，第216页。
[11] （元）熊梦祥：《析津志辑佚》，北京古籍出版社，1983年，第96页。
[12] （元）孛兰肹等撰，赵万里校辑：《元一统志·卷一·大都路·山川》，中华书局，1966年，第12页。
[13] 王其亨主编：《风水理论研究》，天津大学出版社，1992年，第3页。

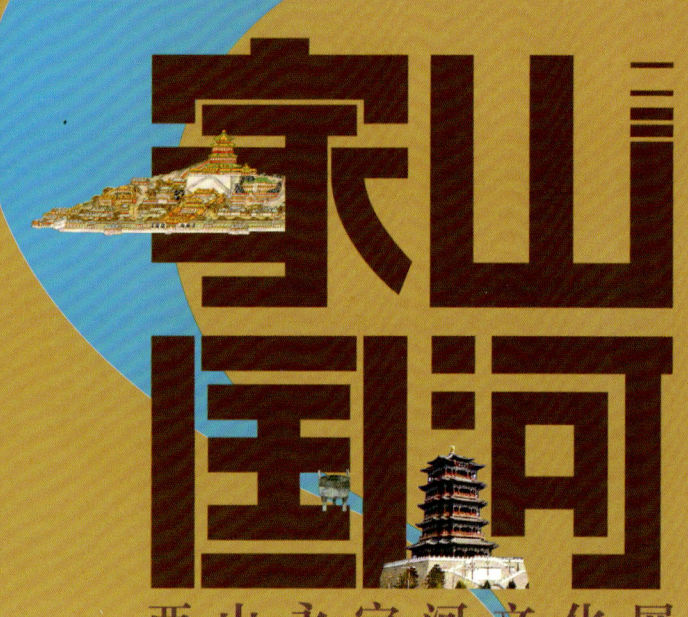

家山国河

西山永定河文化展

前言

北京，这座融汇古今的世界名城，见证了人类自诞生之初至现代都市文明的壮阔进程。传承北京文化，创造新的文明，需要寻根溯源，探究我们共同家园的曾经与未来。

西山内外，永定河畔，远古人类的足迹与各历史时期的文化遗存交相呼应、熠熠生辉，北京的历史与文化就形成于这"一山一水"的怀抱之中。这里孕育了"山水人和，家国情怀"的文化血脉，滋养出北京人的精神家园，也蕴藏着东亚人类起源和中华民族发祥的历史基因。难以数计的文化遗产和待解的历史谜题，无不令人神往，时常引人遐思。

苍莽西山，碧波永定。让我们即此开启一段穿越古今、寻梦家国的文化之旅。

西山、永定河地质纪事

门头沟地区发现的最早的煤化石

1

距今约 6.35 亿～5.1 亿年

"吕梁运动"使太古代地层褶皱硬化，华北陆台轮廓基本形成，沉浸于海洋之下。

2

距今约 5.1 亿～2.5 亿年

"加里东运动"之后，华北陆台相对于海平面的抬升与沉降交替进行，形成成煤地层，最终在"海西运动"中，华北陆台彻底上升为陆地。

延庆世界地质公园内前寒武纪海相沉积

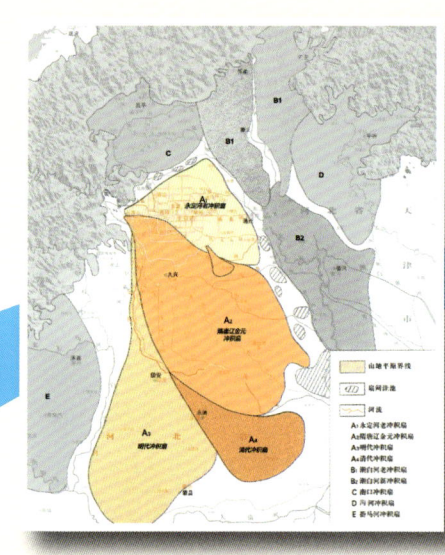

永定河冲积扇形成示意图

7

距今约 12.6 万～1.1 万年

"北京湾"拗折下沉，西侧山地隆起，西山形成。涿鹿—怀来—延庆盆地的湖水与"北京湾"附近河流相贯通，形成今永定河雏形。

燕山构造地貌

距今约 6500 万～2300 万年

"喜马拉雅运动"使华北陆台上出现众多的盆地湖泊，如阳原盆地、蔚县盆地、怀来盆地等。"北京湾"西侧今三家店附近已有较短河流发育。

距今约 2.5 亿～6500 万年

"燕山运动"使华北地区形成一系列东北—西南走向的山脉，如太行山脉、燕山山脉等，"北京湾"出现。

涿鹿—怀来—延庆盆地示意图

"北京人"头像复原图

距今约 170 万～120 万年

永定河上游河北省阳原县马圈沟出现人类活动。

距今约 70 万～20 万年

在今房山区周口店龙骨山上生活着早期直立人——"北京人"。

泥河湾国家级自然保护区全景

二　西山、永定河的地理研究

永定河,《水经注》中称其为"㶟水",汉代时名"治水""㶟水",三国时期下游故道有"高梁河"之称,魏晋南北朝时得名"清泉河""桑干河"。宋元之后因水质变化,又被称为"卢沟河""浑河""小黄河",清康熙三十七年(1698)赐名"永定河"。

元代以前史籍中有关"西山"的说法多不确切,元代僧人念常撰《佛祖通载》始记有"大都西山"。明清两代《顺天府志》均有"西山"记述。

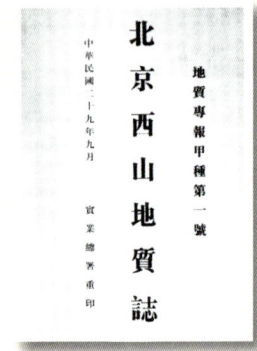

《水经注》中关于㶟水的记载

《汉书·地理志》中关于治水的记载

北京西山地质形态多样,1916年丁文江、翁文灏等地质学家带领地质研究所成员对西山进行调查,编写并出版了《北京西山地质志》,标志着中国地质调查工作的正式开始。

《北京西山地质志》封面图及主要作者合影

丁文江(1887～1936)
中国早期地质学家、古生物学家、社会活动家,曾在英国格拉斯哥大学攻读动物学及地质学。1913年创办农商部地质研究所,投身中国地质调查与研究工作。

翁文灏(1889～1971)
中国早期地质学家,在比利时鲁汶大学攻读地质学并获得博士学位。与丁文江等人一同创办地质研究所,曾任教于北京大学、清华大学等高校,在中国地质学教育、矿产勘探、地震研究等领域具有开创性贡献。

延庆世界地质公园红石湾穹隆、硅化木、喀斯特地貌

门头沟南石洋大峡谷

家山国河

西山永定河文化展

第一单元
文明交汇之径

　　北京位于华北平原与太行山脉、燕山山脉的结合处，西山、永定河区域水土丰美，山形水势造就连通高原、山地、平原、海洋的天然廊道。史前文明的交汇，农耕与游牧文化的碰撞与交流，契丹、女真、蒙古、满族等少数民族在此建立政权并定都，有力推动了中华民族融合发展的历史进程。

一

人类足迹

永定河流域曾经生活着泥河湾人、北京人等早期人类，以及东胡林人等现代人类的祖先。其中上游泥河湾盆地内，人类活动遗迹最早可追溯至距今约 170 万年前，被认为是东亚人类的起源地。

泥河湾披毛犀及其生活环境示意图

1. 泥河湾遗址群

泥河湾遗址群位于河北省张家口市阳原县泥河湾盆地的中、东部，有大量古哺乳动物化石及石制品出土，部分遗址年代可上溯至距今百万年前。主要地点有马圈沟遗址、小长梁遗址、东谷坨遗址、于家沟遗址等。其中许家窑—侯家窑及峙峪等遗址内有古人类化石出土。

泥河湾地貌

2. 马圈沟遗址

马圈沟遗址位于阳原县大田洼乡岑家湾村西南,遗址年代可上溯至距今约170万年前,出土了众多石制品及古动物化石。

马圈沟遗址全景

马圈沟遗址第Ⅲ文化层遗物分布

马圈沟遗址大象足迹坑

马圈沟遗址石制品

旧石器时代
长2～3厘米
马圈沟遗址出土
河北省文物研究所藏

马圈沟遗址动物化石

旧石器时代
长2～5厘米
马圈沟遗址出土
河北省文物研究所藏

3. 许家窑—侯家窑遗址

许家窑—侯家窑遗址位于泥河湾盆地北部、河北省与山西省交界处，遗址年代为距今约10万年，出土有人类化石及石制品，石球为其特色器物。

许家窑—侯家窑遗址发掘现场

石球

旧石器时代
直径10厘米
许家窑—侯家窑遗址出土
河北省文物研究所藏

石球是许家窑—侯家窑遗址的特色器物，直径5～10厘米，出土数量众多。石球与成堆野马骨一同出土的情况，使考古学家推测许家窑人利用石球、索绳制作飞石索捕猎野马。

石器（2件）

旧石器时代
长3～5厘米
许家窑—侯家窑遗址出土
河北省文物研究所藏

石核（6件）

旧石器时代
长3～4厘米
许家窑—侯家窑遗址出土
永定河文化博物馆藏

许家窑—侯家窑遗址远景

4. 西白马营遗址

西白马营遗址位于河北省阳原县西白马营村，年代距今约5万~1.8万年，出土了大量石制品及古动物化石，并有古人类生活及用火遗迹发现。

石器（4件）
旧石器时代
长3~6厘米
西白马营遗址出土
河北省文物研究所藏

动物化石（8件）
旧石器时代
长3~7厘米
西白马营遗址出土
河北省文物研究所藏

西白马营遗址远景

5. 于家沟遗址

于家沟遗址位于河北省阳原县虎头梁村西南约500米处，年代为距今约1.5万年，出土有石制品、骨制品、古动物化石及陶片，对探索我国新旧石器时代过渡、农业起源、陶器起源等问题具有重要价值。

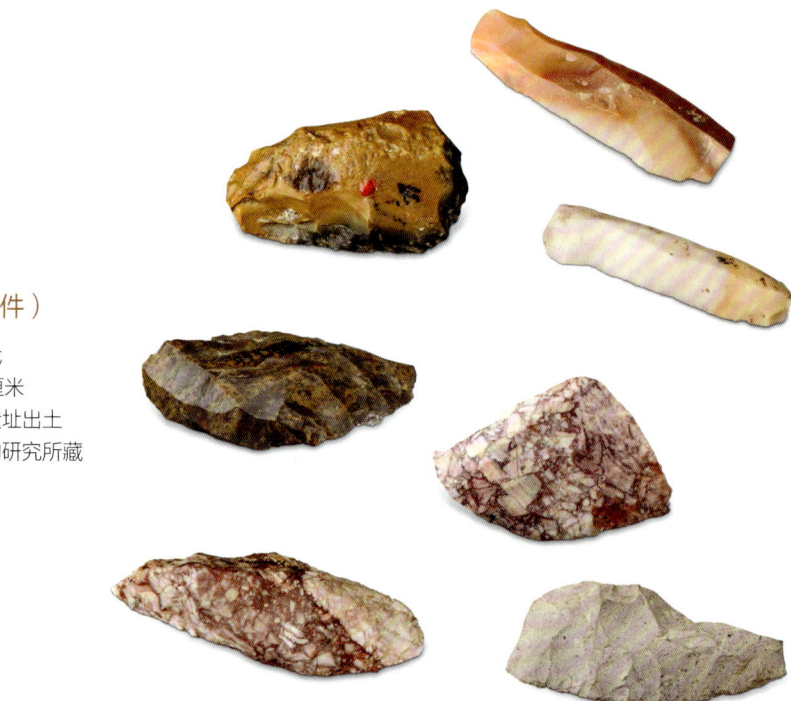

石器（7件）
旧石器时代
长 3～8 厘米
于家沟营遗址出土
河北省文物研究所藏

于家沟遗址出土陶片

于家沟遗址远景

6. 周口店遗址

周口店北京人遗址位于北京市房山区周口店镇龙骨山,自1921年被发现以来,出土了距今约70万~3万年左右的"北京人"、"新洞人"、"田园洞人"和"山顶洞人"化石。

1929年周口店遗址发掘现场、裴文中与北京人头盖骨

"北京人"第一头盖骨

裴文中(1904~1982)
史前考古学家、古生物学家。毕业于北京大学地质系,1929年起主持周口店的发掘和研究工作,是北京猿人头盖骨的发现者。

1979年裴文中在周口店

7. 东胡林遗址

东胡林遗址位于北京市门头沟区斋堂镇东胡林村西侧，距今约 1 万年左右，为新石器时代早期人类遗址。出土有人类化石、石制品、骨制装饰品、夹砂红陶碎片等，填补了自"山顶洞人"之后华北地区人类发展史的空白。

"东胡林人"骨架

东胡林遗址发掘现场

东胡林女性复原像

螺壳项链、牛骨镯

螺壳项链与牛骨镯出土于1966年发掘的女性墓葬中，分别位于遗骸颈部周围及手腕处。

小石斧

新石器时代
长5.3厘米，宽3.5厘米，厚0.9厘米
东胡林遗址出土
北京市文物研究所藏

石磨盘、石磨杵

新石器时代
盘：53厘米×30厘米×5厘米
杵：长38厘米，直径6厘米
东胡林遗址出土
永定河文化博物馆藏

细石叶

新石器时代
左：长 2.3 厘米，宽 0.55 厘米，厚 0.13 厘米
右：长 2.38 厘米，宽 0.65 厘米，厚 0.14 厘米
东胡林遗址出土
北京市文物研究所藏

细石核

新石器时代
左：长 1.45 厘米，宽 0.95 厘米，厚 1.75 厘米
右：长 1.1 厘米，宽 1 厘米，厚 1.81 厘米
东胡林遗址出土
北京市文物研究所藏

陶盆

新石器时代
高 20.8 厘米，口径 35.5 厘米，底径 24 厘米
东胡林遗址出土
北京市文物研究所藏

二

封国肇始

古史传说时期，永定河流域已有原始聚落出现。春秋时期，白狄在永定河上游建的代王城至今遗迹尚存。西周初年，周王朝在北京地区分封蓟国与燕国，山戎活跃在燕国的北部。西山永定河流域谱写出中原农耕文化与北方游牧文化往来互通的最初篇章。

（一）古史传说与古城遗迹

《史记·五帝本纪》中记载黄帝曾"与炎帝战于阪泉之野""与蚩尤战于涿鹿之野"，并四方征战，结成华夏部落联盟，最终于涿鹿筑城。史籍中涿鹿的位置，有一种说法即在今河北省涿鹿县矾山镇一带。

> 东至于海，登丸山，及岱宗。西至于空桐，登鸡头。南至于江，登熊、湘。北逐荤粥，合符釜山，而邑于涿鹿之阿。
>
> ——《史记·五帝本纪》

黄帝像（东汉武梁祠画像石拓片）

蚩尤像（汉代画像石拓片）

黄帝城遗址

代王城遗址

白狄是商周时期活跃于北方的少数民族。春秋时期的代国为白狄所建，范围包括今大同盆地及张家口部分地区，代国都邑代王城即在今河北省蔚县东北。

（二）西周燕都

周王分封蓟国和燕国之后，燕国势力日盛，吞并蓟国并迁都于蓟，而后燕国又几易都城。燕国上都"蓟城"，大致位于今北京市广安门一带。

1. 蓟城与燕都

武王追思先圣王，乃褒封神农之后于焦，黄帝之后于祝，帝尧之后于蓟……封召公奭于燕。

——《史记·周本纪》

蓟、燕二国俱武王立，因燕山、蓟丘为名，其地足自立国。蓟微燕盛，乃并蓟居之，蓟名遂绝焉。

——《史记正义》

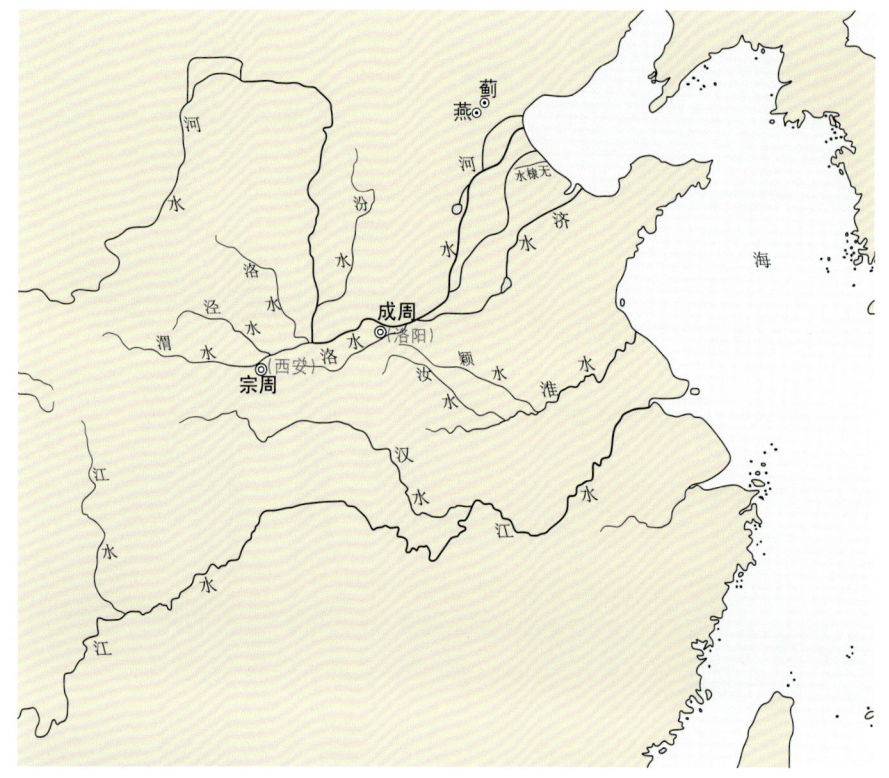

西周分封蓟、燕示意图
（采自首都博物馆编：《古都北京：城建篇》，北京出版社，2010 年）

战国时期陶井圈

蓟城纪念柱
1995 年，为纪念北京建城 3040 年，在广安门以北的护城河西岸树立蓟城纪念柱。

"毋乙"爵

西周（公元前 1046～前 771）
通高 19 厘米，通流长 16 厘米
北京市房山区琉璃河西周燕国墓地出土
首都博物馆藏

爵是古代礼器及酒器的一种，流行于商周时期，青铜爵主要为贵族阶层使用，特征为三足，前有长流，后有鋬（把）。

铜鬲

西周（公元前 1046～前 771）
通高 18.8 厘米，口径 14.0 厘米
北京市房山区琉璃河西周燕国墓地出土
首都博物馆藏

曲刃铜戈

西周（公元前 1046～前 771）
长 19 厘米，宽 9.5 厘米
北京市房山区琉璃河西周燕国墓地出土
首都博物馆藏

曲刃单穿铜戈

西周（公元前 1046～前 771）
长 22.1 厘米，宽 9.1 厘米
北京市房山区琉璃河西周燕国墓地出土
首都博物馆藏

有銎铜戈

西周（公元前 1046～前 771）
长 23.3 厘米，宽 8 厘米
北京市房山区琉璃河西周燕国墓地出土
首都博物馆藏

玉鱼

西周（公元前 1046～前 771）
残长 5 厘米
北京市房山区琉璃河西周燕国墓地出土
首都博物馆藏

鱼形玉器流行于商周时期，多用于装饰及陪葬。此玉鱼残件为片状，外形微曲，嘴向上拱起，表面用阴线简练雕刻出圆眼、腮、鳍等细部特征，口部有一钻孔，用于佩戴或悬挂。

铜觯

西周（公元前 1046～前 771）
高 14.5 厘米，口径 7.5 厘米
北京市房山区琉璃河西周燕国墓地出土
首都博物馆藏

2. 西周燕都遗址

今北京市房山区琉璃河以北的刘李店、董家林、黄土坡一带，分布有西周时期的城址、宫殿区及墓葬遗存，根据出土青铜器铭文判断，这里是西周燕国的始封地。

召公奭与周同姓，姓姬氏。周武王之灭纣，封召公于北燕。

——《史记·燕召公世家》

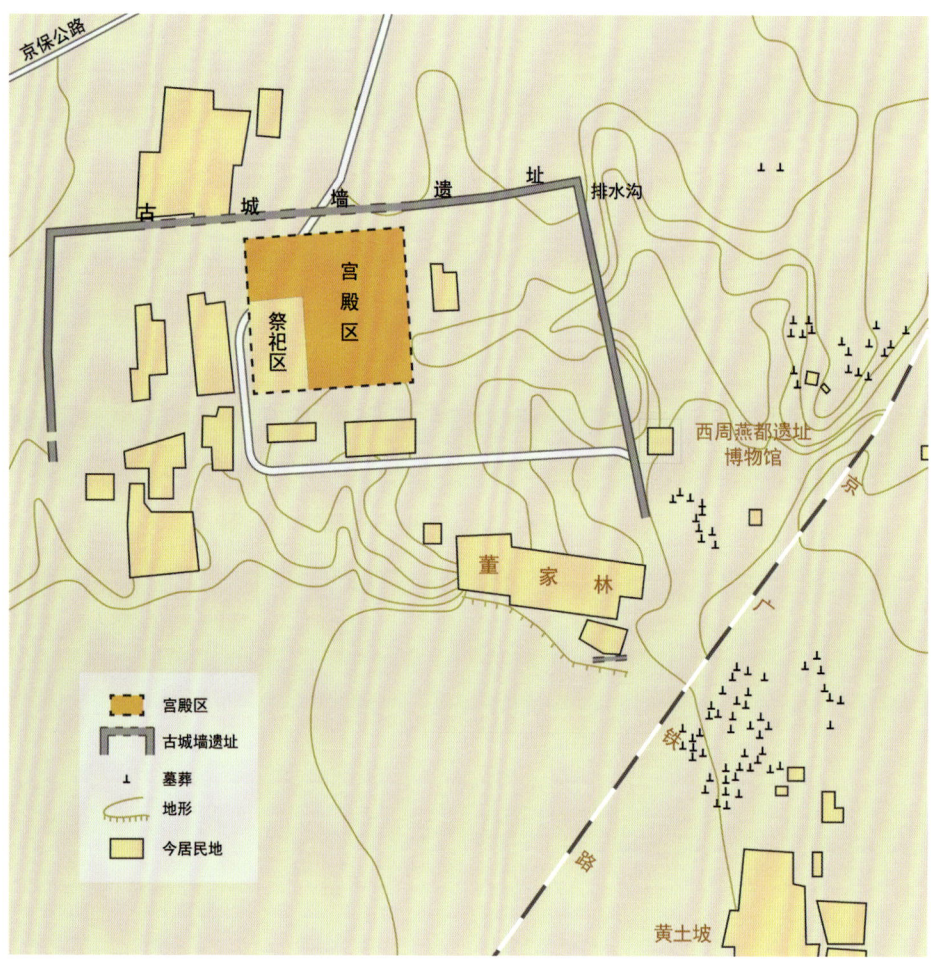

琉璃河遗址平面图

（采自首都博物馆编：《古都北京：城建篇》，北京出版社，2010年）

M202 车马坑

琉璃河墓地墓葬殉人情况

M251 北二层台随葬品分布

克盉、克罍

西周早期（公元前11世纪中叶～前10世纪中叶）
克盉：通高26.5厘米，最宽26.5厘米，口径14.5厘米，重3295克
克罍：通高32.7厘米，宽26厘米，口径、底径14.2厘米，重4510克
北京市房山区琉璃河西周燕国墓地出土
首都博物馆藏

克盉与克罍铭文相同，记载了周王褒扬太保召公，令其子"克"就封于"匽"（燕）的历史，克到达燕地后铸造了这两件器物作为纪念。

伯矩鬲

西周早期（公元前11世纪中叶～前10世纪中叶）
通高33厘米，口径22.9厘米，腹径24.2厘米，
重7500克
北京市房山区琉璃河西周燕国墓地出土
首都博物馆藏

伯矩鬲以牛首为装饰，造型庄重华丽。盖内及颈部内壁有相同的15字铭文"才（在）戊辰，匽侯赐伯矩贝，用作父戊尊彝"，记载了贵族伯矩受燕侯赏赐并铸造这件器物作为纪念。

"阳庚"铜簋
西周（公元前1046～前771）
高12.1厘米，口径17.4厘米，底径14.5厘米
北京市房山区琉璃河西周燕国墓地出土
首都博物馆藏

"亚乙"铜鼎
西周（公元前1046～前771）
通高38.0厘米，口径30.0厘米
北京市房山区琉璃河西周燕国墓地出土
首都博物馆藏

鼎是青铜礼器中主要的炊食器，在祭祀或宴会时用于烹煮或盛放鱼肉，多为圆形或方形。汉代何休注解《春秋公羊传》："礼祭，天子九鼎，诸侯七，卿大夫五，元士三也。"

玛瑙、绿松石、玉石组配

西周（公元前 1046～前 771）
50 厘米 ×23 厘米
北京市房山区琉璃河西周燕国墓地出土
首都博物馆藏

玛瑙、绿松石、玉石组配由 110 件大小不一的玛瑙、48 件绿松石、21 件形态各异的玉饰组成，佩戴于颈间，是贵族阶层的身份象征。

红陶罐

战国（公元前 475～前 221）
高 26 厘米，口径 10 厘米
北京市房山区琉璃河出土
首都博物馆藏

兽纹灰陶壶

战国（公元前 475～前 221）
高 41 厘米，口径 12.3 厘米
北京市房山区琉璃河出土
首都博物馆藏

先秦时期独辀(zhōu)车示意图
《说文通训定声》中记载:"小车居中一木曲而上者谓之辀。"一直到西汉中期,独辀车都是车马的主要形式。

铜车辖
西周(公元前 1046～前 771)
长 13.3 厘米
北京市房山区琉璃河西周燕国墓地出土
首都博物馆藏

铜车軎
西周(公元前 1046～前 771)
长 11.9 厘米
北京市房山区琉璃河西周燕国墓地出土
首都博物馆藏

銮铃
西周（公元前 1046～前 771）
长 18 厘米
北京市房山区琉璃河西周燕国墓地出土
首都博物馆藏

衔镳
西周（公元前 1046～前 771）
长 11.5 厘米，宽 4.7 厘米
北京市房山区琉璃河西周燕国墓地出土
首都博物馆藏

犄角当卢
西周（公元前 1046～前 771）
长 19.7 厘米，宽 9.7 厘米
北京市房山区琉璃河西周燕国墓地出土
首都博物馆藏

当卢，马头部饰件。商周时期多为铜质，系在
马的额头中央偏上部位。

"H"形四通节约

西周（公元前 1046～前 771）
长 4.3 厘米，宽 3.8 厘米
北京市房山区琉璃河西周燕国墓地出土
首都博物馆藏

战国弧形凹口铜铃

战国（公元前 475～前 221）
长 5.5 厘米，下宽 2.4 厘米
北京市房山区琉璃河出土
首都博物馆藏

（三）春秋时期山戎文化

山戎是活跃于燕国北部的一支比较强大的少数民族，春秋战国时期时常侵扰临近的燕、齐、赵等国。战国晚期，山戎文化逐渐衰落。

唐虞以上有山戎、猃狁、荤粥，居于北蛮，随畜牧而转移。

——《史记·匈奴列传》

（桓公）二十三年（公元前663），山戎伐燕，燕告急于齐。齐桓公救燕，遂伐山戎，至于孤竹而还。

——《史记·齐太公世家》

延庆玉皇庙遗址

玉皇庙遗址位于延庆区玉皇庙村东部，墓葬埋藏众多，有青铜器、陶器、骨器、金饰品、石制品、玛瑙等文物出土，是北京地区典型的山戎文化遗存。

延庆玉皇庙山戎文化墓地遗址

动物纹牌饰

猪形铜铃饰

春秋（公元前770～前476）
长约2厘米
北京市延庆区龙庆峡别墅工地出土
首都博物馆藏

山戎墓葬

羊首扣饰

春秋（公元前 770～前 476）
径 1.6 厘米 × 1.4 厘米，厚 0.5 厘米
北京市延庆区龙庆峡别墅工地出土
首都博物馆藏

卧马形铜带饰

春秋（公元前 770～前 476）
长约 2 厘米
北京市延庆区龙庆峡别墅工地出土
首都博物馆藏

青铜短剑

春秋（公元前 770～前 476）
长 28.8 厘米
北京市延庆区龙庆峡别墅工地出土
首都博物馆藏

直刃匕首式青铜短剑是玉皇庙文化的典型器物，柄端多装饰有镂空动物纹样，在墓葬中为成年男子的随葬品。

金丝耳环

春秋（公元前 770～前 476）
径 1.8 厘米
北京市延庆区玉皇庙出土
首都博物馆藏

铜环马纹扣饰

春秋（公元前770～前476）
直径5.1厘米
北京市延庆区龙庆峡别墅工地出土
首都博物馆藏

春秋尖首刀币

春秋（公元前770～前476）
长16.3厘米
北京市延庆区军都山出土
首都博物馆藏

出土于燕国境内的尖首刀币，其外形与山戎人常用的削刀类似，两者之间存在借鉴关系，是燕国与山戎之间往来的见证。

马衔

春秋（公元前770～前476）
长18.2厘米，宽2.9厘米
北京市延庆区龙庆峡别墅工地出土
首都博物馆藏

三

民族竞汇

秦汉时期大一统中央王朝建立以后，北京地区逐渐成为控御北方的军事重镇。西山永定河区域物产丰富，农业发达，交通纵横，汉族和匈奴、鲜卑、契丹、女真、蒙古等少数民族在此往来生息，逐渐形成兼容并蓄的文化格局，呈现出多民族互通互鉴的多彩画卷。

北京小平原古代大道示意图
（采自首都博物馆编：《古都北京：城建篇》，北京出版社，2010年）
北京地区是联结中原与东北平原、蒙古高原的枢纽和桥梁。据侯仁之先生推测，古代北京有四条大道：向南为太行山东麓大道；西北出南口通向蒙古高原；东北出古北口通向松辽平原；正东沿燕山南麓直趋滨海。

（一）从蓟城到幽州

自秦汉至隋唐，蓟城之名得以延续，位置较为稳定。汉代以后，各民族交融愈加深入，呈现出多姿多彩的地域文化。

河北省安平县逯家庄东汉壁画墓出土《出行图》（局部）

河北省安平县逯家庄东汉壁画墓出土《府舍图》

大葆台汉墓位于北京市丰台区，墓主为广阳王刘建。墓中发现有黄肠题凑、随葬车马等，对研究西汉帝王葬制及西汉时期北京史有重要价值。

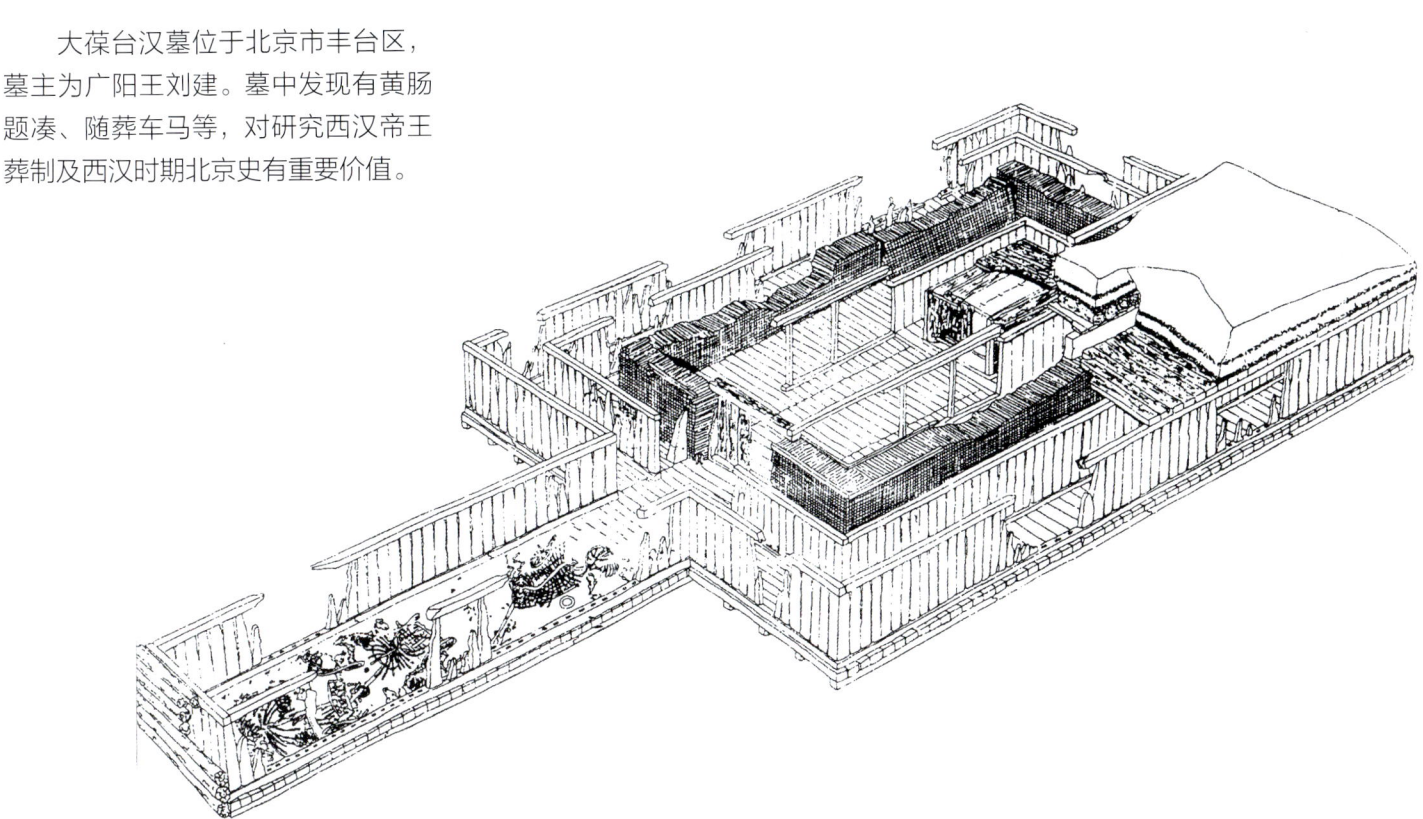

大葆台汉墓1号墓墓室结构示意图
（采自中国社会科学院考古研究所编辑：《北京大葆台汉墓》，文物出版社，1989年）

黄肠题凑顶部

"五铢"钱

汉（公元前206～220）
最大径2.5厘米，最小径1.8厘米
北京市丰台区黄土岗二台子大葆台汉墓出土
首都博物馆藏

绿釉三足短流盉

汉（25～220）
高11.6厘米，口径8厘米
北京市丰台区黄土岗二台子大葆台汉墓出土
首都博物馆藏

红彩活腿陶马

西汉（公元前206～25）
高20.5厘米，长29厘米
北京市丰台区房修二公司二队出土
首都博物馆藏

西晋时期华芳墓位于今北京市石景山区八宝山，墓主为王浚妻子华芳。王浚是西晋时期将领，官至司空、领乌丸校尉。墓中出土有玻璃钵、银铃、骨尺等精美器物，反映这一时期各民族的广泛接触。

玻璃钵

西晋（265～317）
高 7.5 厘米，口径 10.5 厘米
北京市石景山区八宝山华芳墓出土
首都博物馆藏

银铃

西晋（265～317）
高 4 厘米，径 3.5 厘米
北京市石景山区八宝山华芳墓出土
首都博物馆藏

铜薰炉

西晋（265～317）
通高 10 厘米
北京市石景山区八宝山华芳墓出土
首都博物馆藏

骨尺

西晋（265～317）
纵 1.8 厘米，横 23.8 厘米，厚 0.5 厘米
北京市石景山区八宝山华芳墓出土
首都博物馆藏

墓主图

《墓主图》出土于北京市西城区陶然亭唐代何数夫妇墓。图中人物所坐的椅子，在东汉末年由西域传入中原地区，南北朝时在仕宦贵族家庭中普遍使用，唐代出现"椅子"这一名称。

牡丹芦雁图（局部）

《牡丹芦雁图》出土于北京市海淀区八里庄王公淑墓北壁，是唐代晚期墓葬中少见的大型花鸟壁画。画长290厘米、高156厘米，硕大的牡丹花丛下有两只芦雁，另有秋葵、百合等花卉及彩蝶穿插其间。

器皿图

《器皿图》出土于河北省曲阳县五代时期王处直墓。图中长案上置帽架、黑色幞头、三足镜架、盒、箱等，长案后面绘水墨山水屏风画。

妇女童子图

《妇女童子图》出土于河北省曲阳县五代时期王处直墓。图中女子高髻,着红襦,额心点花钿,是典型的唐及五代时期妇女装扮。

铜铺首

唐（618～907）
长 14 厘米，宽 10.4 厘米，环径 7.8 厘米
北京市丰台区王佐乡史思明墓出土
首都博物馆藏

史思明为唐代藩镇将领，曾参与发动"安史之乱"，后在范阳"称帝"。史思明墓位于丰台区王佐镇，出土器物有鎏金铜牛、玉册等，并有壁画残片。

史思明墓出土玉册

唐（618～907）
长 10～20 厘米，宽 3～3.4 厘米，厚 1 厘米
北京市丰台区王佐乡史思明墓出土
首都博物馆藏

（二）从辽南京到元大都

自成为辽代陪都南京开始，北京地区的地位不断上升。金中都、元大都的建立使北京成为中外文明交汇之地，在文化上也形成了鲜明的多民族特色。

鎏金银覆面
鎏金银覆面出土于北京市房山区。覆面俗称盖脸、面具，意在保护逝者的面容，是契丹贵族特有的葬具。

门吏图
两幅《门吏图》壁画出土于河北省张家口市宣化区下八里辽代墓群，门吏分别为契丹人和汉人装束，体现了契丹与汉在辽代的文化并存。

辽代鸡冠壶

鸡冠壶是辽代典型的盛水陶瓷器，保留了皮制水囊的外形与细节特征，反映出契丹民族游牧的生活方式。

童嬉图

《童嬉图》出土于河北省张家口市宣化区下八里辽代张文藻墓，描绘了契丹族家庭的备祭场景。画面中多人为契丹典型发型"髡发"。

白瓷花口碗

宋（960～1279）
高 4 厘米，口径 9.7 厘米
北京市石景山区八宝山韩佚墓出土
首都博物馆藏

柳斗式白瓷钵缸

宋（960～1279）
高 5.2 厘米，口径 9.5 厘米
北京市石景山区八宝山韩佚墓出土
首都博物馆藏

此件器物直口、弧腹、圆形平底，器身装饰有柳斗纹，小巧而精致。柳斗是用来盛放谷物的农家用具，仿柳斗纹小钵常见于两宋时期。

越窑青釉盘

五代（907～960）
高 3.3 厘米，口径 13.2 厘米
北京市石景山区八宝山韩佚墓出土
首都博物馆藏

辽代韩佚墓位于八宝山革命公墓东侧，韩佚曾任营州刺史、始平军节度使，墓中出土有壁画、陶瓷器、铜器、银器、漆器及韩佚与其妻王氏墓志。

备茶图

《备茶图》出土于北京市石景山区八角村金代墓葬。茶有清心、解腻、助消化的作用,对于经常食肉饮乳的契丹人来说,是必不可少的饮品。

散乐图

《散乐图》出土于北京市石景山区八角村金代墓葬。散乐由多民族歌舞形式集合而成,流行于辽金时期,出现在各阶层的喜庆仪式及婚丧嫁娶等场合。

乌古论家族墓位于北京市丰台区王佐镇，墓中出土了乌古论窝论、乌古论元忠及鲁国大长公主夫妇墓志三合，为研究乌古论家族史及金代贵族生活提供了可靠资料。

乌古论元忠墓志盖拓片

鲁国大长公主墓志拓片

鸡腿瓶

金（1115～1234）
高53厘米，口径7.8厘米
北京市丰台区王佐镇乌古论窝论墓出土
首都博物馆藏

鸡腿瓶是辽金时期游牧民族典型陶瓷器，口沿外卷、溜肩、腹部修长，因形似鸡腿而得名。多施以黑釉或茶叶末釉，器身肩部至底部大多有弦纹装饰。

耀州窑青釉刻花卧足钵

金（1115～1234）
高 5.9 厘米，口径 17 厘米，底径 7.2 厘米
北京市丰台区王佐镇乌古论窝论墓出土
首都博物馆藏

马射总法图

《事林广记》（元至顺年间西园精舍刻本）
《马射总法图》中，一男子回身搭弓射箭，头戴蒙古族大帽，展现了蒙古人马上民族的骑射技艺。

双陆图

据记载双陆于三国时期在中国出现，唐至金元时期十分盛行。《事林广记》（元至顺年间西园精舍刻本）中载有双陆的规则及由来，并配有插图。图中对弈的两人着袍服、留三搭头，戴瓦楞帽，是典型的蒙古人打扮。

耶律铸夫妇合葬墓位于颐和园东部耶律楚材家族墓地内。耶律家族为供职于元朝的契丹望族，墓内随葬有陶瓷器、金银器、石雕及装饰品等180余件，另有耶律铸及其妻奇渥温氏墓志出土。

陶俑（耶律铸像）

元（1206～1368）
高53.5厘米
北京市海淀区颐和园内耶律铸夫妇合葬墓出土
首都博物馆藏

灰陶仕女俑

元（1206～1368）
高 25.2 厘米，底径 7.7 厘米
北京市海淀区颐和园内耶律铸夫妇合葬墓出土
首都博物馆藏

钧窑钵

元（1206～1368）
高 5 厘米，口径 9.8 厘米，底径 5.2 厘米
北京市海淀区颐和园内耶律铸夫妇合葬墓出土
首都博物馆藏

景德镇窑青白釉月映梅纹碗

元（1206～1368）
高 3.7 厘米，口径 13 厘米
北京市海淀区颐和园内耶律铸夫妇合葬墓出土
首都博物馆藏

宋元时期文人善咏梅，诗词中常有月、梅共同出现的诗句，以衬托梅花高洁闲静的品格，月梅纹也成为这一时期独特的装饰题材。此件器物中心饰月梅图案，外围有一周回纹印花，敞口、斜壁、平足，胎质洁白细腻，釉色白中闪淡青，釉厚处呈深绿。

刻花小银钵

元（1206～1368）
高 3.2 厘米，口径 7.7 厘米，底径 4.3 厘米，重 41 克
北京市海淀区颐和园内耶律铸夫妇合葬墓出土
首都博物馆藏

耶律铸夫妇合葬墓发掘现场
及石马、陶厨俑

家山国河

西山永定河文化展

耶律铸夫妇合葬墓发掘现场及石马、陶厨俑

家山国河

西山永定河文化展

第二单元
都城繁盛之源

永定河冲积扇构成了北京城市建设的地理空间,并为城市的营造和繁荣提供了充沛的水源、丰富的物资、天然的运力。依托西山、永定河的物产资源和水陆通道,金、元、明、清等王朝在此建都,奠定了北京作为全国政治中心、文化中心的历史地位。

一

水育都会

西山永定河水网密布，城市因水而盛。曹魏时期开凿戾陵堰、车箱渠，为蓟城灌溉提供水源；金元时期开凿金口河以发展漕运；明清时期，永定河上游植被耗竭，中下游水灾频繁，国家大举兴修治水工程。

（一）引水兴城

永定河为北京城提供了基本的生产与生活用水。从蓟城到辽金都城，均依托西湖（今莲花池前身）为主要水源。金、元时期引永定河水济漕未成，清代改引西山、玉泉山泉流，奠定了京城水系格局。

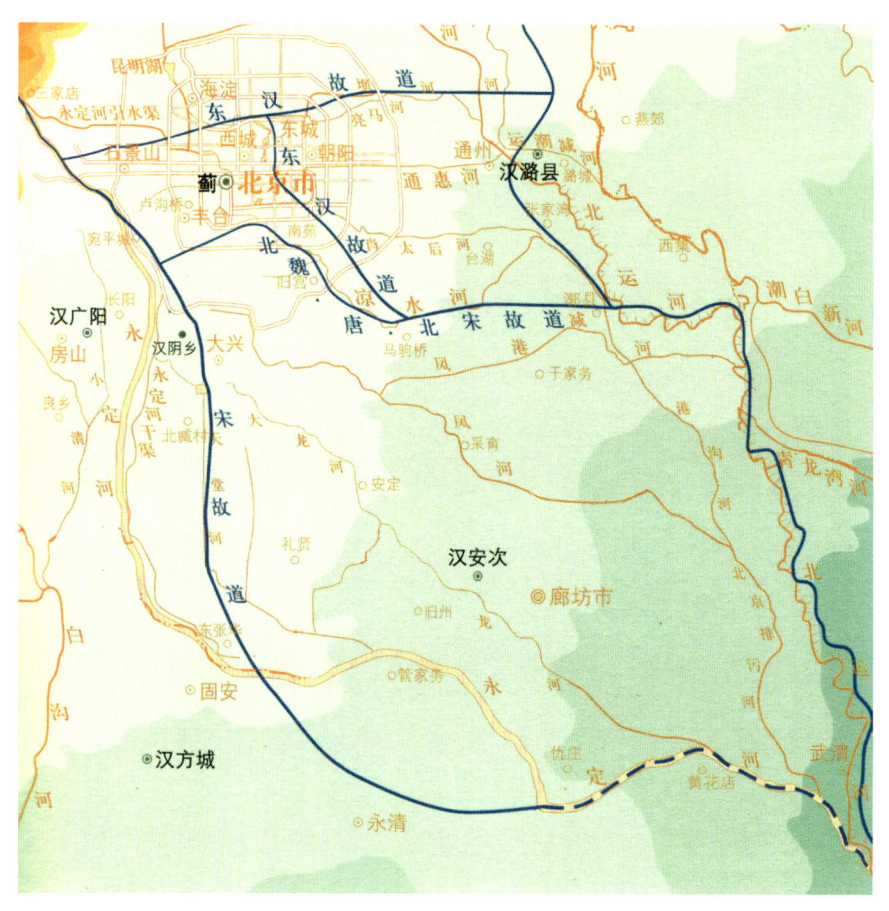

汉至宋永定河下游河道变迁图
（采自侯仁之主编：《北京历史地图集·文化生态卷》，文津出版社，2017年）
魏晋南北朝至隋唐时期，永定河曾称"清泉河"，水量充沛，水质清澈，鲜少有泛滥改道的记录。

1. 车箱渠、戾陵堰

三国魏嘉平二年（250），镇北将军刘靖组织军士千人在㶟水（今永定河）上造戾陵堰，开车箱渠。景元三年（262）重修，引㶟水注入高梁河河道，可灌溉蓟城农田万顷。

> 高梁水注之，水首受㶟水于戾陵堰。水北有梁山，山有燕刺王旦之陵，故以戾陵名堰。
> ——郦道元《水经注》

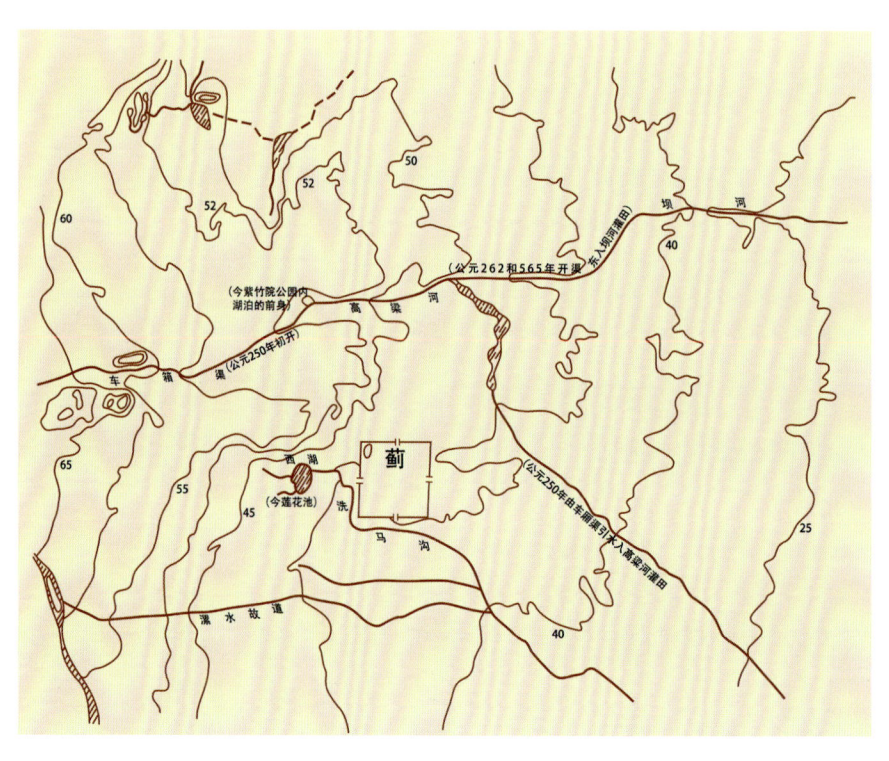

古代蓟城近郊的河湖水系与主要灌溉渠道示意图
[采自侯仁之主编：《环境变迁研究》（第二、三合辑），北京燕山出版社，1989年]

陶磨

汉（公元前 206 ～ 220）
通高 4 厘米，口径 9.5 厘米
首都博物馆藏

陶厕所猪圈

汉（公元前 206 ～ 220）
通高 23.2 厘米
北京市房山区顾册村出土
首都博物馆藏

绿釉带梁圆井

东汉（25～220）
高 31 厘米，口径 17.7 厘米
北京市丰台区黄土岗二台子汉墓出土
首都博物馆藏

井圈

汉（公元前 206～220）
高 39 厘米，径 67 厘米
北京市永定河引水工程工地出土
首都博物馆藏

陶井圈最早出现于东周时期，使用时套叠起来，填塞土块以固定，将水与井壁隔离开来，使井壁牢固，水源清洁。

兽面瓦当

元（1206～1368）
径 16.5 厘米
北京市永定河引水工程工地出土
首都博物馆藏

条纹砖

辽（907～1125）
长 24 厘米，宽 22 厘米
北京市永定河引水工程工地出土
首都博物馆藏

石人

东汉（25～220）
座高 20 厘米，最宽 110 厘米，最长 80 厘米
北京市丰台区永定河河床出土
北京石刻艺术博物馆藏

又名"捧盾石人"，石人身着长袍，双手拱于胸前。青石质地，雕刻自然质朴，浑然天成。

2. 金口、白浮引水

金、元时期多次引永定河水济漕未成。元至元三年（1266），郭守敬重开前朝通漕旧渠，即金口河。至元二十八年（1291），引昌平白浮泉水入积水潭，漕船直抵大都。

九龙出水口

元代大都运河示意图
（采自蔡蕃：《京杭大运河水利工程》，电子工业出版社，2014年）

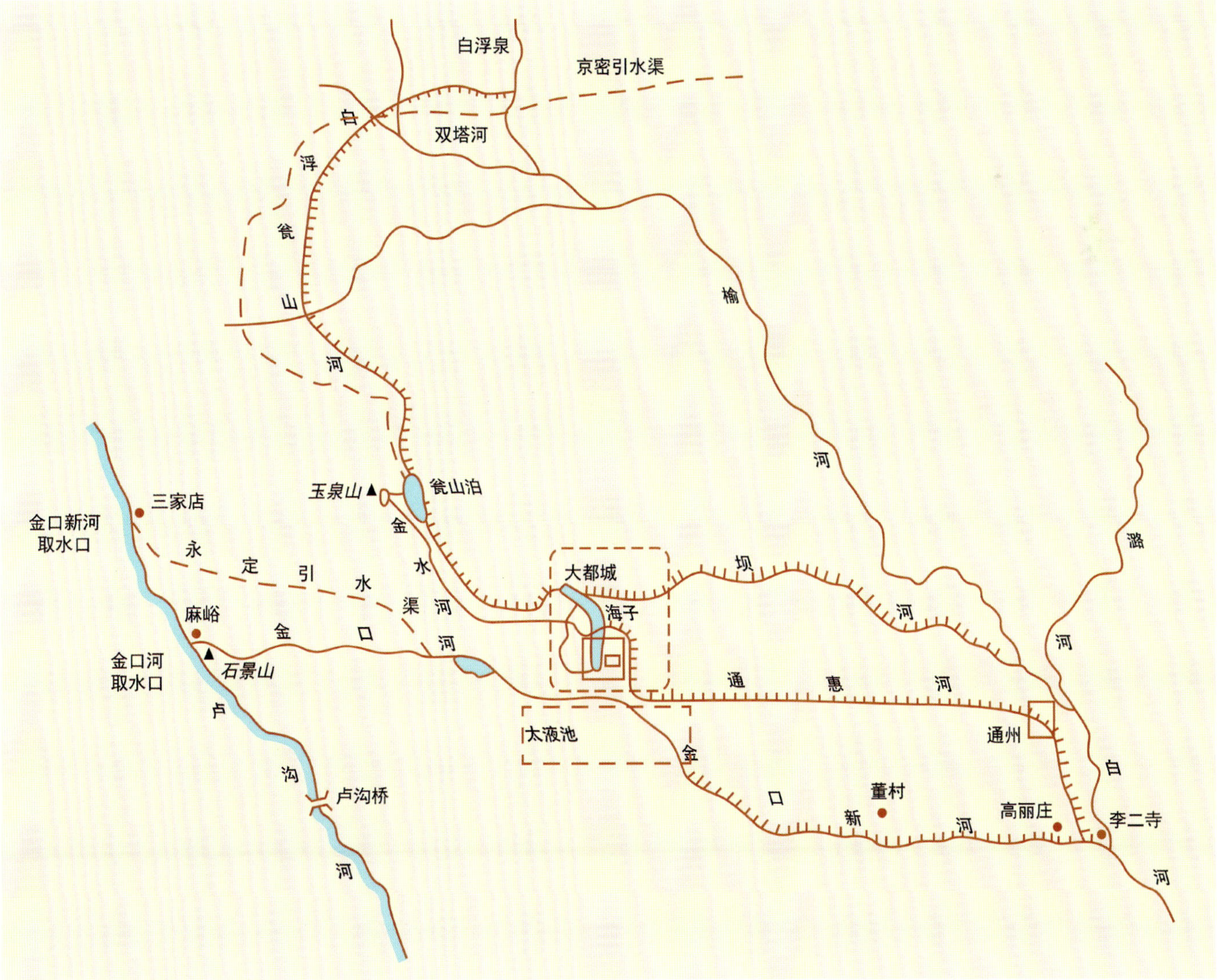

其水自金口以东、燕京以北，灌田若干顷，其利不可胜计……今若按视故迹，使水得通流，上可以致西山之利，下可以广京畿之漕。
——《元史·郭守敬传》

至元二十八年，都水监郭守敬言水利，欲导昌平白浮村神山泉，西折南转，过双塔、榆河，引一亩泉、玉泉诸水，经瓮山泊至西水门入都城，环汇于积水潭。
——《读史方舆纪要》

郭守敬像
郭守敬（1231～1316），元朝著名天文学家、数学家、水利学家，邢州（今邢台）人，曾拜刘秉忠为师。至元八年（1271），忽必烈授其都水监官职，十六年任同知太史院事，主管水利及天文。

白浮泉遗址

石柱础

清（1644～1911）
高40厘米，径25厘米
北京市房山区金陵出土
首都博物馆藏

卢沟运筏图

《卢沟运筏图》描绘的是元朝初年营建大都城，永定河西岸卢沟桥附近木材编筏启运的场景。

石雕鸱吻

金（1115～1234）
高 95 厘米，宽 55 厘米，厚 25 厘米
北京市房山区金陵出土
首都博物馆藏

金陵位于北京市房山区西部，海陵王完颜亮迁都北京后，金代皇帝和宗室诸王陆续葬于此地。鸱吻源自海兽形象，后与"龙"结合，传说能避火灾，因此安置在屋脊上。

牡丹纹望柱

金（1115～1234）
高 110 厘米，边长 21 厘米
北京市房山区金陵出土
首都博物馆藏

（二）永定河治理

永定河地势居高临下，洪水经常危及都城。据记载，金代至民国期间，永定河曾决口、漫溢 146 次，改道 10 次。康熙皇帝采纳"筑堤束水、疏浚河道"的治河理念，赐名"永定河"。

东岸自庞村回龙庙等处至卢沟桥，堤岸长二十五里。宣德以后，时决时修。正统元年，决狼窝口。弘治二年，决杨木厂。正德元年，又决狼窝口……嘉靖三十五年题准，共修东岸狼窝口等决口一十八处。

——《大明会典》

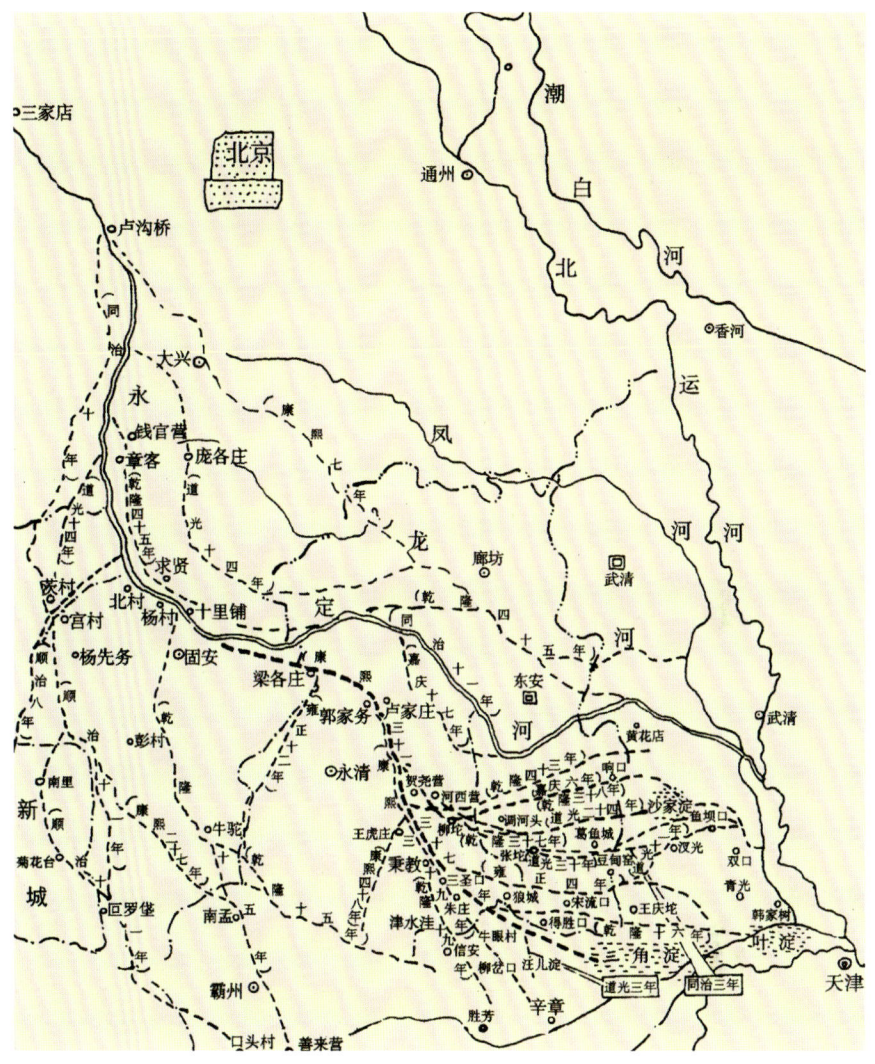

清代永定河下游河道变迁略图
（采自尹钧科、吴文涛：《历史上的永定河与北京》，北京燕山出版社，2005 年）

清代永定河特大水灾部分情况

年份	水灾简述
康熙七年（1668）	京师七月大雨，浑河水发，冲决卢沟桥及堤岸，直入正阳、崇文、宣武、齐化诸门，午门浸崩一角。宛平水灾。良乡大水，水入西门，衙内外深数尺
嘉庆六年（1801）	卢沟桥六月初以后昼夜大雨倾注，永定河水势陡涨，骤而且猛，卢沟桥桥洞不能宣泄，将桥栏杆石狮子冲坏，各堤工漫决……北京六月内仅有四天为晴天，六月朔日，北京大雨五天四夜，屋宇倾圮者，不可胜记
光绪十六年（1890）	自（五月）二十九日至六月初六日……永定河两岸并南北运河、大清河及任丘千里堤，先后漫溢决口，上下数百里间一片汪洋，有平地水深二丈余者，庐舍民田尽成泽国，人口牲畜淹毙颇多，满目秋禾悉遭漂没，实属数十年来所未见
光绪十九年（1893）	自六月十一日起，一连三日，大雨如注，前三门水深数尺，不能启闭。城内之官宅民居房屋穿漏，城垣坍塌，不计其数……西山附近之龙泉雾村，七十余户房屋，因山下水注，尽行漂没，所有街道，冲作大河。百姓俱逃至山坡野地，搭盖窝棚，暂行栖止

（采自北京市地方志编纂委员会：《北京志·地质矿产水利气象卷·水利志》，北京出版社，2000 年）

> **御制诗《过卢沟桥》**
> 乾隆
>
> 卢沟桥北无河患,
> 卢沟桥南河患频。
> 桥北堤防本不事,
> 桥南筑堤高嶙峋。

王德榜治理永定河摩崖刻石

王德榜,清光绪年间任健锐营军官,率军在永定河下苇甸、丁家滩等处修筑水利工程,用于农田灌溉,并刻石记事。

古堤十八蹬

庞村石堰俗称十八蹬,始建年代不详,所处位置为永定河拐弯处,水势湍急,易决口泛滥。古石堤由十八层花岗岩条石垒砌而成,江米汁灌缝,银锭扣锁连接。

龙门三汲浪石刻

时代不详
高 59 厘米，宽 44 厘米，厚 26 厘米
永定河文化博物馆藏

大王庙

清光绪十六年（1890），永定河河堤决口，治洪成功后修大王庙以纪念。光绪皇帝、慈禧太后御书"金堤永固""永佑安澜"二匾挂于殿中。

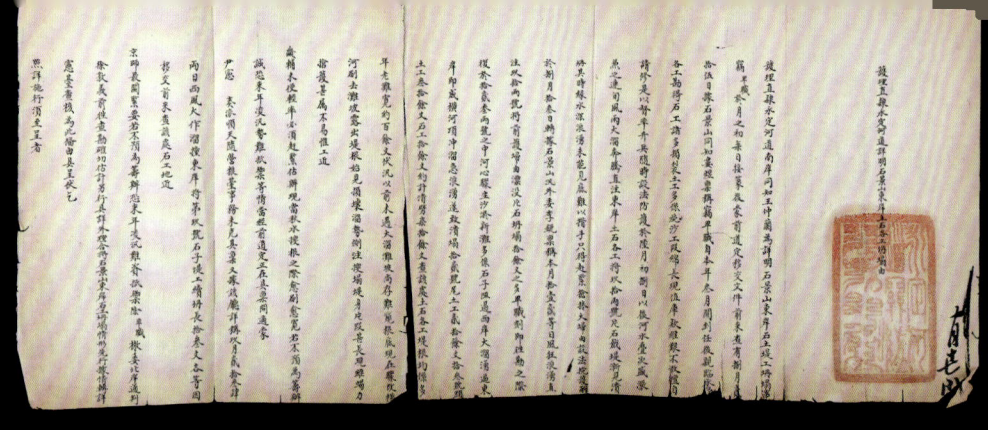

呈文

清（1644～1911）
横 22.5 厘米，纵 11.2 厘米
永定河文化博物馆藏

直隶永定河道同知在呈文中说明石景山东岸坍塌事由，叙述巡视河堤情况及治理措施。呈文钤盖有满汉双文"永定河道关防"印一方。

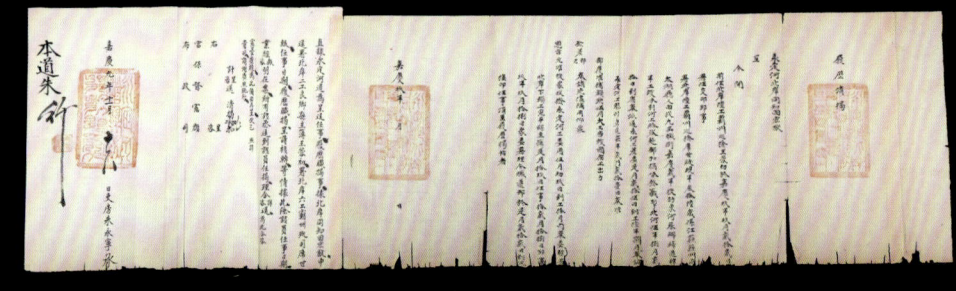

履历清揭

清（1644～1911）
横 24.5 厘米，纵 11 厘米
永定河文化博物馆藏

三家店水利会账目（2件）

民国（1912～1949）
长 22.8 厘米，宽 17.8 厘米，厚 2 厘米
永定河文化博物馆藏

民国时期，三家店地区村民自发成立"民生水利会"，推举有经验之人担任坝头，负责水渠的管理。水利会账目记录杂费开支等信息。

二 给养繁华

西山永定河地区富有林木、矿藏，为北京供应城市建材和日常生活资料。京西广设窑炉，为宫廷烧造琉璃、砖瓦。都城官民日用的木柴、煤炭也由此输出，明清时期，西山煤业盛极一时。

（一）城建物资

元明清时期北京建造都城所用石料，多采自房山大石窝、怀柔石厂一带。所用石灰由门头沟马鞍山大灰厂供给。所用琉璃瓦件，原出自城南琉璃厂，后由门头沟琉璃渠烧造。

天坛祈年殿

十三陵汉白玉石牌坊

十三陵石像生

1. 龙泉务窑遗址

龙泉务窑遗址位于门头沟区龙泉镇，1975年发现，面积约27600平方米。1991～1994年发掘，发现有窑炉、作坊等遗迹，伴有原煤及大量烧过的煤渣痕迹，出土各类器物8000余件。

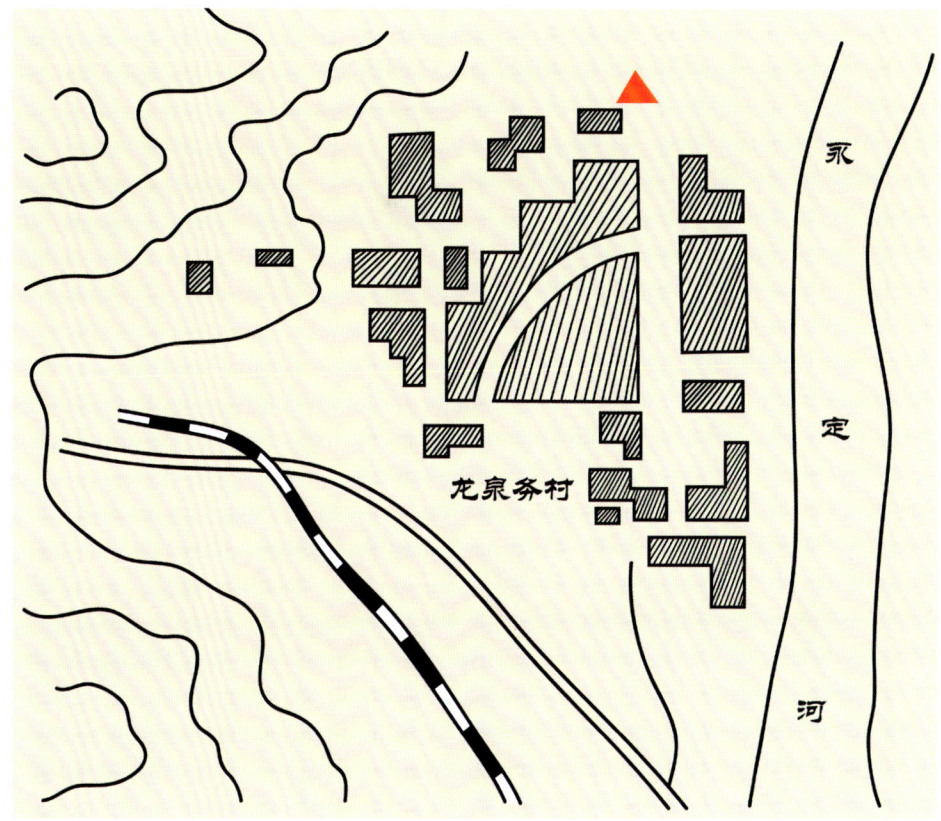

龙泉务辽瓷窑遗址位置示意图
（采自北京市文物研究所编：《北京龙泉务窑发掘报告》，文物出版社，2002年）
龙泉务村三面环山，周围盛产煤炭及坩子土，永定河水源充足，利于窑场的创建。

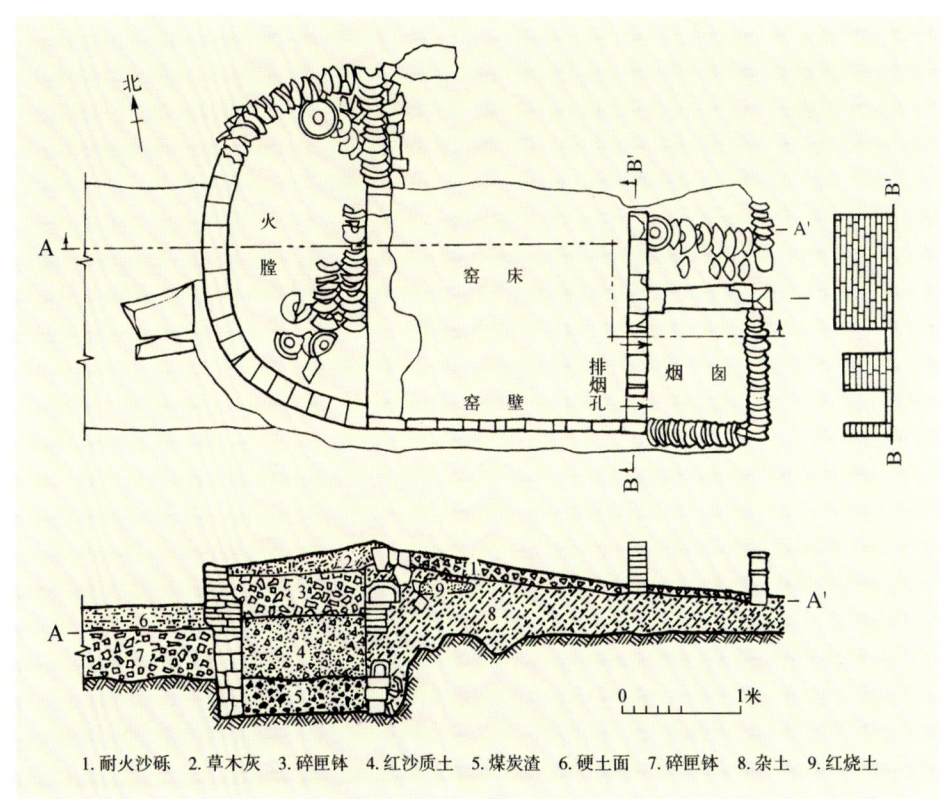

龙泉务瓷窑遗址Y2平、剖面图
（采自北京市文物研究所编：《北京龙泉务窑发掘报告》，文物出版社，2002年）

白釉小猴

辽（907～1125）
高 4.8 厘米，直径 2.6 厘米
北京市门头沟区龙泉务窑出土
永定河文化博物馆藏

葵口白釉碗

辽（907～1125）
高 4 厘米，口径 10.2 厘米，底径 4 厘米
北京市门头沟区龙泉务窑出土
永定河文化博物馆藏

龙泉务窑白釉六瓣盏

辽（907～1125）
盏：高 4.3 厘米，口径 10.8 厘米
盏托：高 6.6 厘米，口径 7.6 厘米
北京市原崇文区永外彭庄出土
首都博物馆藏

龙泉务瓷窑遗址位于北京市门头沟区龙泉镇龙泉务村北，考古证实为北京辽代陶瓷手工业的中心。龙泉务窑烧制的瓷器与北宋定窑瓷器相似，亦称为"仿定"。盏托是与茶盏配套使用的器具，始见于东晋，盛行于唐宋，各大瓷窑均有烧制。此组白釉花瓣盏通体施白釉，造型规整，胎质细腻，反映出辽代制瓷工艺的高超水平。

白釉唇口钵

辽（907～1125）
高 15.4 厘米，口径 24 厘米，底径 10.6 厘米
北京市门头沟区龙泉务窑出土
永定河文化博物馆藏

荷叶碗

辽（907～1125）
高 4 厘米，口径 13.2 厘米，底径 5 厘米
北京市门头沟区龙泉务窑出土
永定河文化博物馆藏

多件叠烧标本

辽（907～1125）
高 8.4 厘米，直径 14.5 厘米
北京市门头沟区龙泉务窑出土
永定河文化博物馆藏

2. 琉璃渠村

从元至清代，琉璃渠窑烧制的成品均为皇家御用。元世祖中统四年（1263）设琉璃窑场，明代置琉璃局。清乾隆二十年（1755），宣武门外琉璃厂划归琉璃局村窑厂，成为唯一的琉璃官窑。

> 大都四窑场，秩从六品，提领、大使、副使各一员，领匠夫三百余户，营造素白琉璃砖瓦，隶少府监……琉璃局，大使、副使各一员，中统四年置。
> ——《元史·百官六》

故宫文渊阁琉璃瓦

琉璃厂商宅院

北海琉璃九龙壁

"琉璃之乡"牌楼

明清时期,琉璃窑厂隶属于工部。乾隆年间实行"官督民办"政策,由祖籍山西省榆次县的"琉璃窑赵"世家经营。

三官阁过街楼

勾檐滴水

清（1644～1911）
长 46 厘米，宽 28 厘米
北京市门头沟区龙泉镇琉璃渠村
永定河文化博物馆藏

白衣庵琉璃构件——绿釉瓦当

清（1644～1911）
高 11.5 厘米，长 37 厘米，宽 12.5 厘米
北京市门头沟区龙泉镇三家店村
永定河文化博物馆藏

白衣庵琉璃构件——黄釉瓦当

清（1644～1911）
高 12 厘米，长 36 厘米，宽 14 厘米
北京市门头沟区龙泉镇三家店村
永定河文化博物馆藏

老君堂琉璃构件

清（1644～1911）
长 30 厘米，宽 21 厘米，厚 15 厘米
北京市门头沟区龙泉镇琉璃渠村
永定河文化博物馆藏

琉璃八宝伞

清（1644～1911）
通高 60 厘米，宽 54 厘米，厚 17 厘米
北京市门头沟区龙泉镇琉璃渠村
永定河文化博物馆藏

（二）京西煤业

北京市煤田主要分布于门头沟区、房山区一带，所出产煤炭被称作"京西煤"。"京城百万之家，皆以石炭为薪"，西山煤炭的开采，直接关系到京城百姓及皇宫用煤，历代君王无不重视。

煤鬼颜如灶底锅，西山往来送煤多。

细绳穿鼻铃悬颈，缓步拦街怕骆驼。

——《清代北京竹枝词(十三种)》

清乾隆二十七年（1762）西山煤窑统计表

地区	旧煤窑数	废煤窑数	停采煤窑数	在开采煤窑数
近京西	80	70	30	16
宛平县	450		330	117
房山县	220	50	80	140
合计	750	120	440	273

[采自彭泽益编：《中国近代手工业史资料》（1840—1949），中华书局，1962年]

阜成门

京西煤矿井口的骆驼队

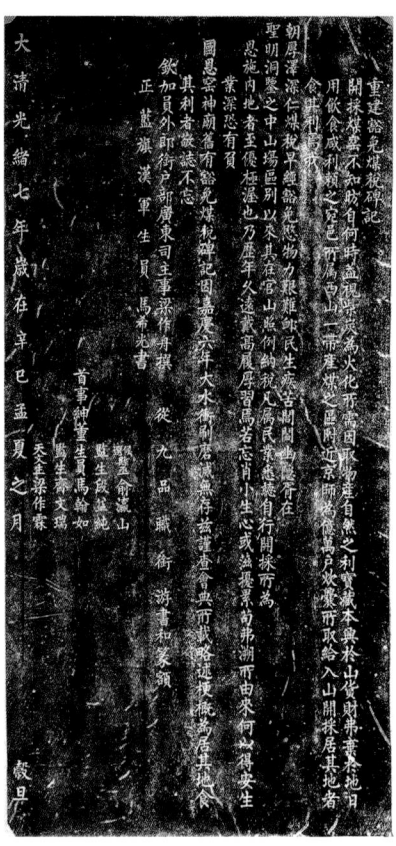

豁免煤税碑拓片

城外运煤的骆驼队

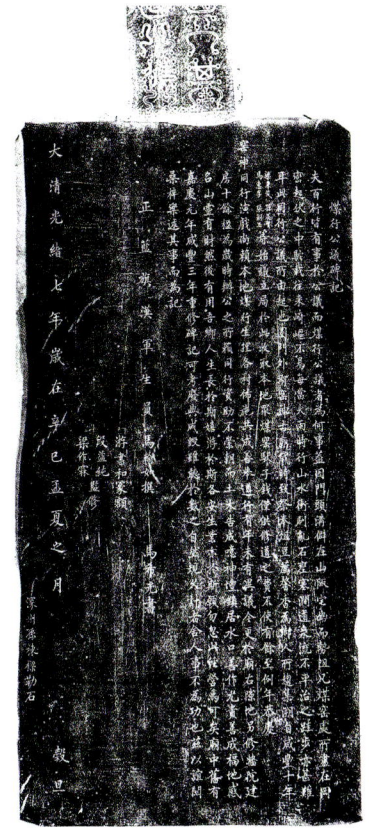

煤行公议碑拓片

三家店木板桥

三家店坐落于永定河出山口东岸,是北京物资流通枢纽和商品集散地,河上架有可拆卸木板桥。

圈门过街楼

三家店、圈门等地凭借其地理位置优势,成为京西煤炭的转运站,形成以生产和运营煤炭为主的村镇。

窑灯

清（1644～1911）
通高 13.5 厘米，底径 5.2 厘米
北京市门头沟区东辛房街道圈门
永定河文化博物馆藏

手提式煤油灯

民国（1912～1949）
通高 17.5 厘米，底径 8.3 厘米
永定河文化博物馆藏

黄土福刮汗板

民国（1912～1949）
长 17.9 厘米
北京市门头沟区色树坟村出土
首都博物馆藏

煤行公议碑拓片

三家店木板桥
三家店坐落于永定河出山口东岸,是北京物资流通枢纽和商品集散地,河上架有可拆卸木板桥。

圈门过街楼
三家店、圈门等地凭借其地理位置优势,成为京西煤炭的转运站,形成以生产和运营煤炭为主的村镇。

窑灯

清（1644～1911）
通高 13.5 厘米，底径 5.2 厘米
北京市门头沟区东辛房街道圈门
永定河文化博物馆藏

手提式煤油灯

民国（1912～1949）
通高 17.5 厘米，底径 8.3 厘米
永定河文化博物馆藏

黄土福刮汗板

民国（1912～1949）
长 17.9 厘米
北京门头沟区色树坟村出土
首都博物馆藏

清朝政府鼓励民间在西山开办煤窑，做窑合同、窑业字据等文书多为合伙经营的契约。

康熙五十五年焦嗣代等会做黄蒿窑合同

康熙五十五年（1716）
纵 50 厘米，横 41 厘米
首都博物馆藏

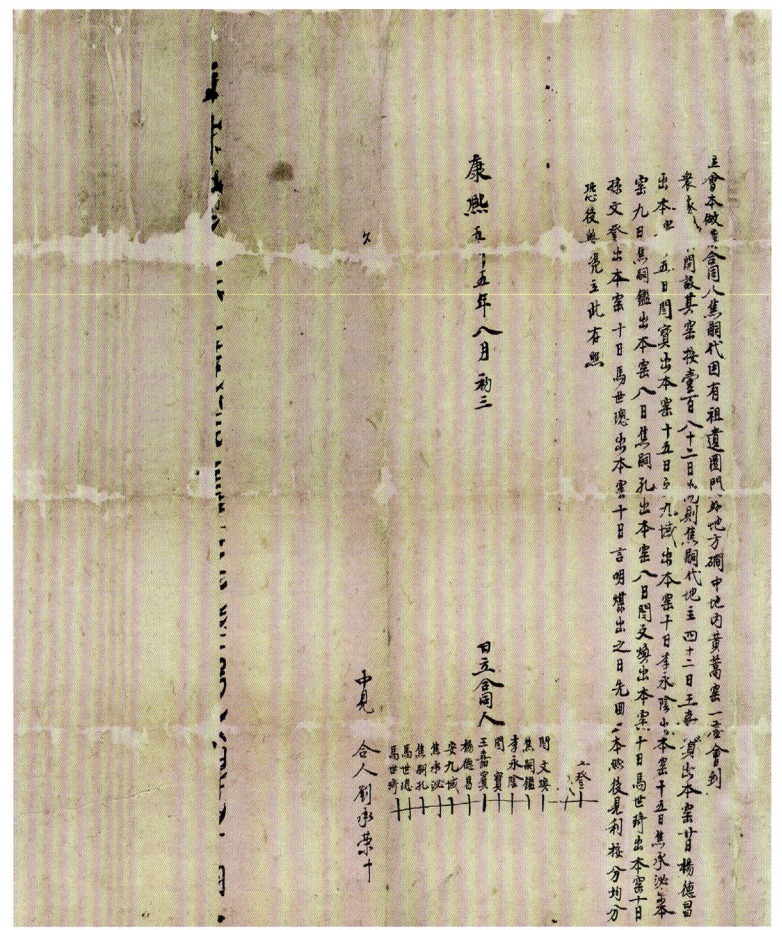

乾隆九年焦从雨等批做吉祥窑合同

乾隆九年（1744）
纵 45 厘米，横 39 厘米
首都博物馆藏

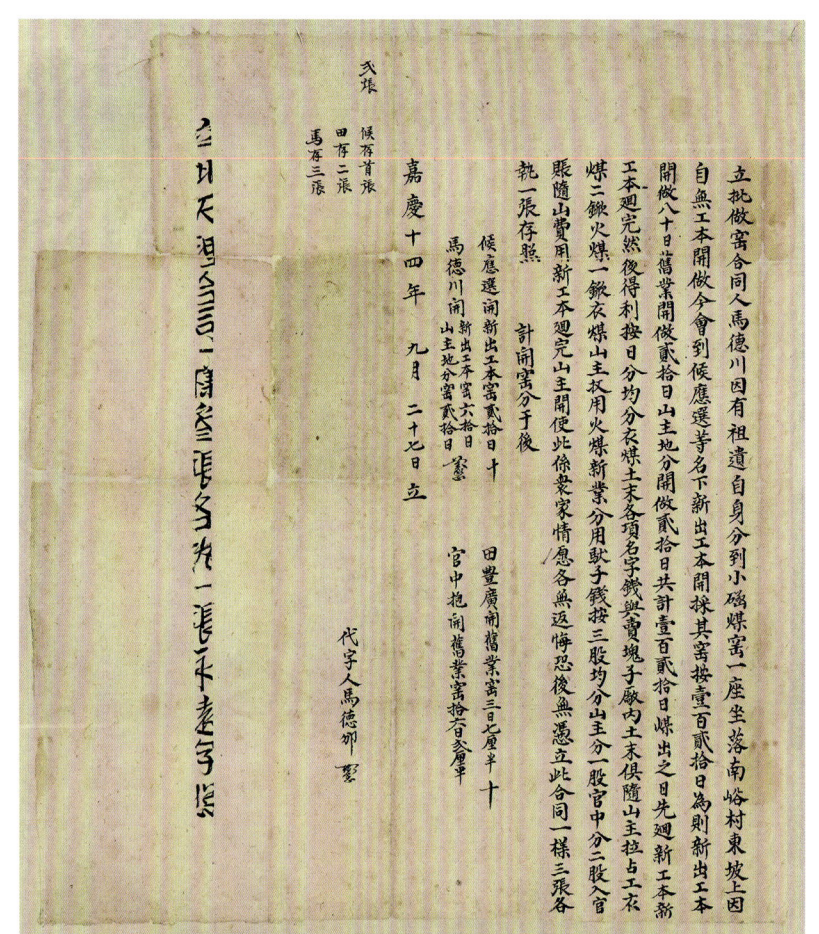

嘉庆十四年马德川批做小硇煤窑合同

嘉庆十四年（1809）
纵 53 厘米，横 42 厘米
首都博物馆藏

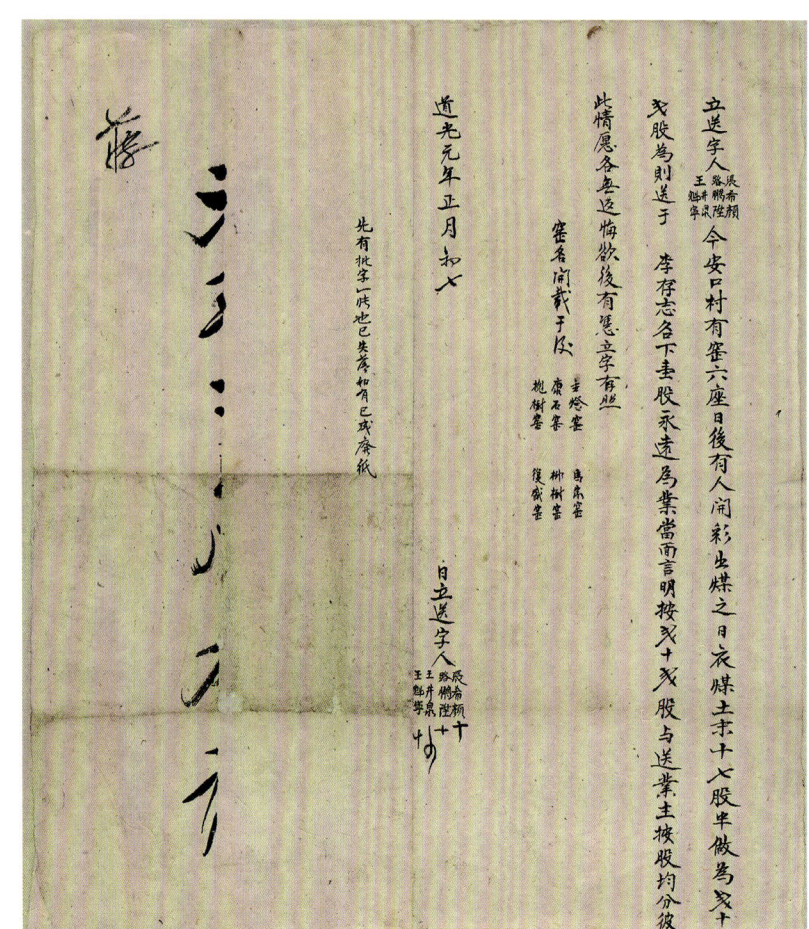

道光元年张希颜等送金灯窑等六窑窑业字据

道光元年（1821）
纵 57 厘米，横 48 厘米
首都博物馆藏

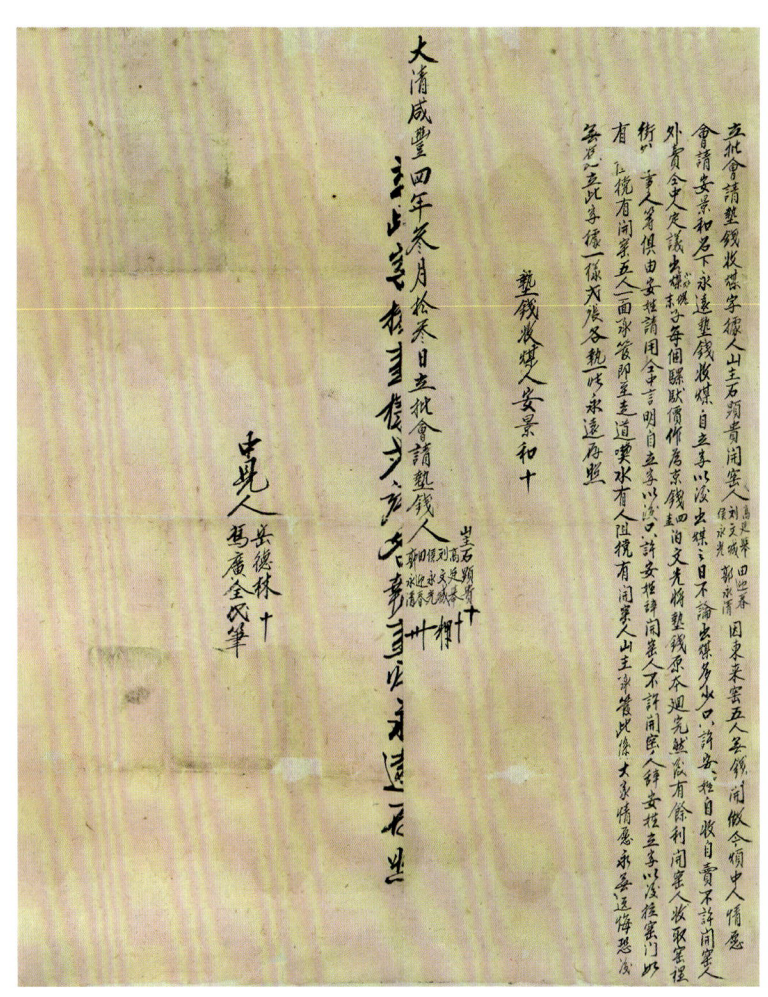

咸丰四年石显贵等东来窑会请垫钱收煤字据

咸丰四年（1854）
纵 57 厘米，横 46 厘米
首都博物馆藏

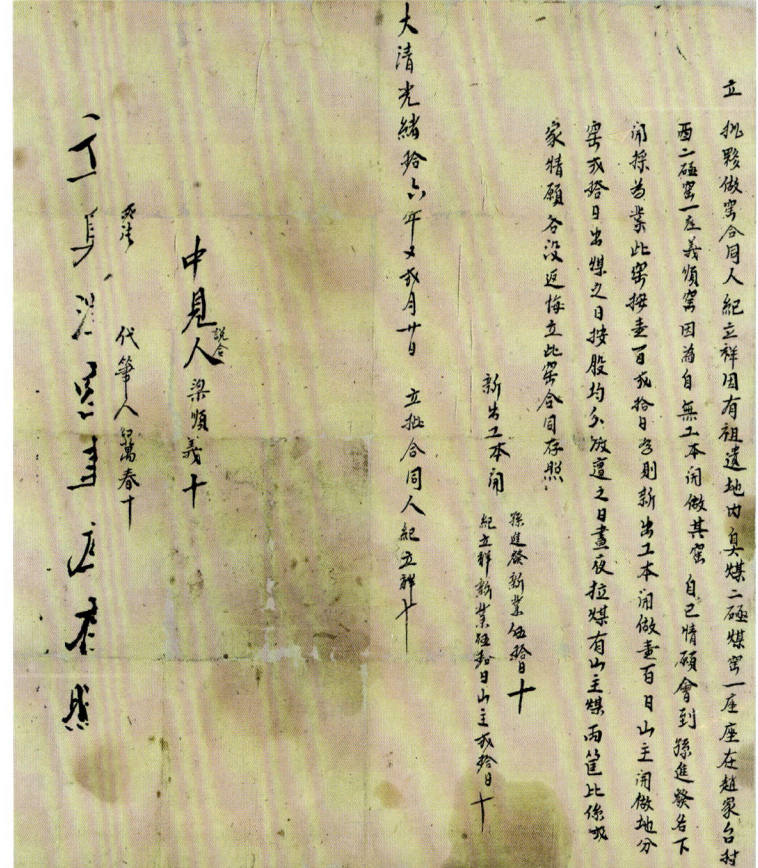

光绪十六年纪立祥批伙做义顺窑合同

光绪十六年（1890）
纵 55 厘米，横 48 厘米
首都博物馆藏

三

古道名村

西山永定河地区水陆交通发达，自古就是经济交流、军事攻防的必经之地。由此形成的京西古道及古村落见证了历史的变迁，作为文化传承的重要载体，今天仍发挥着无可替代的作用。

（一）京西古道

京西古道以西山大路为主干线，主要分为商道、军道和香道。经历代不断修筑，形成纵横交错的道路网络，是连接京城与西北，中外文明交汇的重要通道。

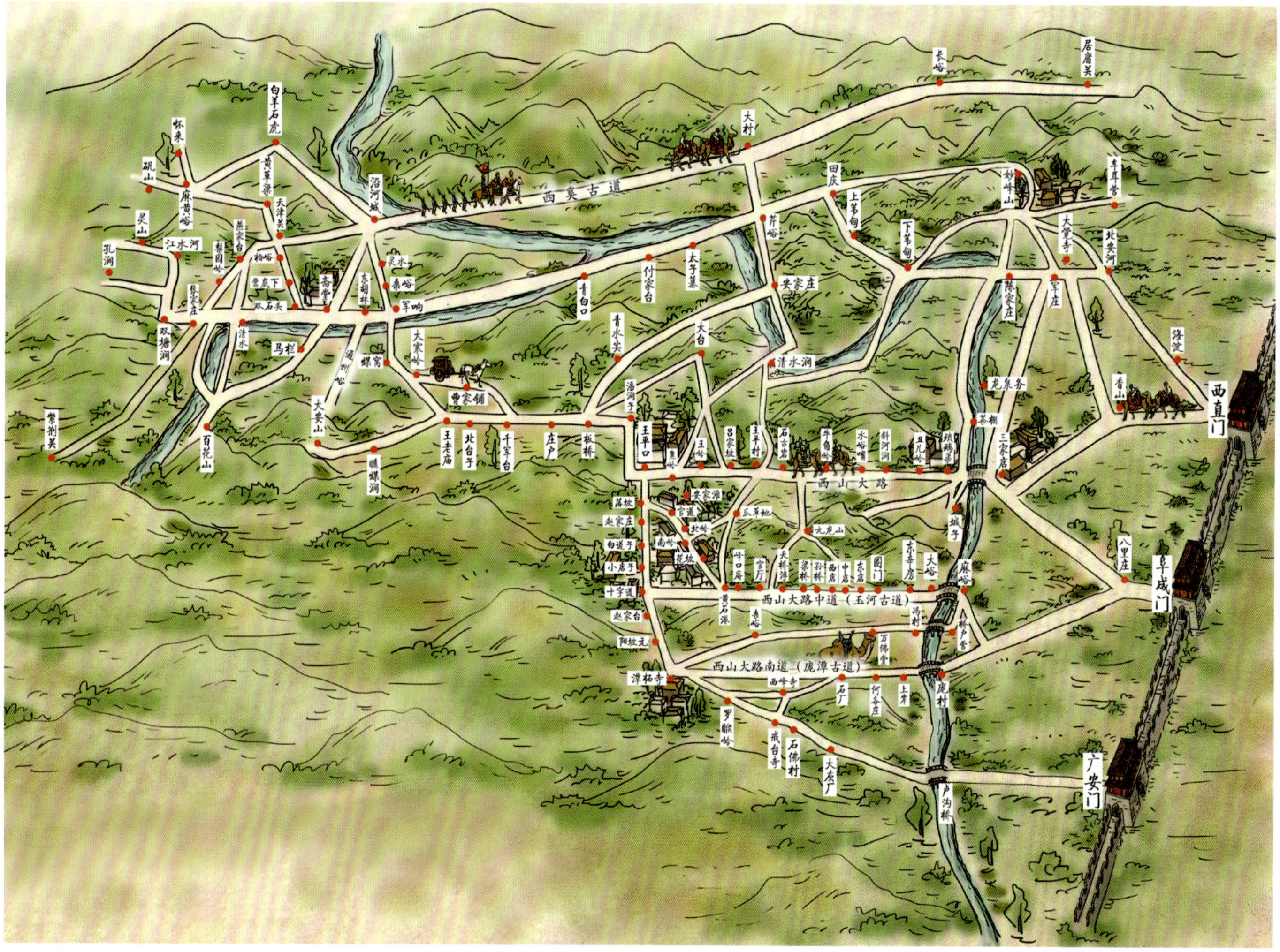

京西古道路线图

殷家大院"古道商旅图"砖雕

1. 古商道

随着京西煤的开采与社会的发展，形成了北京至西部山区，及远至内蒙古、山西的商旅道路。大量物资在此集结、转运、贸易，以满足京城建设及居民日益增长的生活物资需求。

玉河古道

西山大路上的蹄窝
西山进京路上运煤的骆驼、骡、驴络绎不绝，经常踩踏之处形成蹄窝，是京西古道上特有的景观。

2. 古军道

历代统治者多在西山地区建造军事防御工程，为保持关隘之间的交通和联络，沿线修建军道。大道为关，小路为口。军队在此调兵遣将、转运物资，发挥着重要的军事作用。

天津关古道

西奚古道

牛角岭关城

青铜戈
战国（公元前475～前221）
高10.5厘米，长19厘米
北京市门头沟区军庄镇军庄村出土
永定河文化博物馆藏

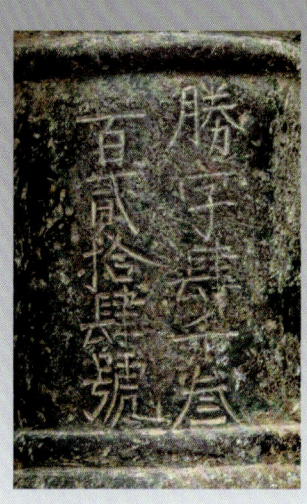

明代铜铳
明（1368～1644）
长26厘米，口径6.8厘米
北京市门头沟区雁翅镇大村河道出土
永定河文化博物馆藏

3. 古香道

京西古寺云集，香客络绎不绝。因地处山区，交通不便，历代由官方及民间修建的进香之路，称为"香道"，其中以妙峰山香道最具代表性。

妙峰山进香图

清（1644～1911）
长 160 厘米，宽 120 厘米
首都博物馆藏

此图描绘的是妙峰山香会期间，香客云集大觉寺，沿"中道"前往妙峰山朝顶进香的情景。道路两侧设有多处茶棚，沿途有香会组织进行杂耍表演。

妙峰山茶棚

仰岭过街楼

妙峰山石板路

乘轿子下山的香客

凡祭赛事毕，（香客）先后散于庙内外肆摊购绒绫花朵，插帽而归，谓之'带（戴）福'。遥望人群，则绚烂缤纷，招颤于青峰翠柏间，其风物真堪入画也。

——《旧都文物略》

佩戴福花的摄影师西德尼·甘博（左）与牧师

佩戴花帽的香客

（二）京西古村落

西山永定河地区分布着爨（cuàn）底下、灵水等多座历史文化名村，建筑遗产和文物古迹相对集中，真实记录了北京及北方传统村落的空间形态和建筑风貌。

1. 爨底下村

爨底下村位于北京市门头沟区斋堂镇，因在"爨里安口"险隘峡谷下方而得名，曾为京西古道商品交易的集散地。

爨底下村传统民居

爨底下村全景

2. 灵水村

灵水村位于北京市门头沟区斋堂镇，自古以来文风昌盛，仅明清两代就出了几十名举人，被称为"京西举人村"。

灵水村传统民居

灵水村全景图

3. 水峪村

水峪村位于北京市房山区南窖乡西南部,背山面水。村内较完整地保留了古商道和水系相交的十字格局,文化底蕴厚重,是京西历史文化长廊中的重要节点。

水峪村传统民居

水峪村全景图

4. 岔道村

岔道村位于北京市延庆区八达岭镇，明嘉靖年间筑砖城，设军驻防，逐渐形成军户村。

荷花砖雕构件
民国（1912～1949）
长 63 厘米，宽 36 厘米，厚 16 厘米
永定河文化博物馆藏

牡丹砖雕构件
民国（1912～1949）
长 63 厘米，宽 36 厘米，厚 15 厘米
永定河文化博物馆藏

延庆区八达岭镇岔道村关城

5. 西山文学家纪念馆

圣琼·佩斯（右）与友人合影

圣琼·佩斯：(Saint-John Perse, 1887～1975)，法国诗人、外交官。在西山道观写就长诗《远征》，1960年获得诺贝尔文学奖。

纳兰性德画像

马致远故居

曹雪芹纪念馆

家山国河

西山永定河文化展

5. 西山文学家纪念馆

圣琼·佩斯（右）与友人合影
圣琼·佩斯：（Saint-John Perse，1887～1975），法国诗人、外交官。在西山道观写就长诗《远征》，1960年获得诺贝尔文学奖。

纳兰性德画像

马致远故居

曹雪芹纪念馆

家山国河

西山永定河文化展

第三单元
文化传承之根

优越富集的生态资源和悠久深厚的京城底蕴，塑造出以山水御苑为载体的皇家文化，以民间信仰为依托的民俗文化，以革命遗迹为见证的红色文化，多元文化交相辉映。现代西山永定河续写着北京历史文化的传承篇章，构筑着北京"山水人和"的家国情怀。

一 山水御苑

自辽金开始，北京由陪都上升为北方都城，西山和京南地区成为皇家活动的重要地区。至清代三山五园、南苑建成，西山成为重要的政务中心。

（一）园林胜境

清朝前期国力强盛，锐意经营西郊园林。东自海淀村附近，西至香山，离宫别馆接踵而起，殿阁楼台遥遥相望，形成了中国古典园林的高峰。

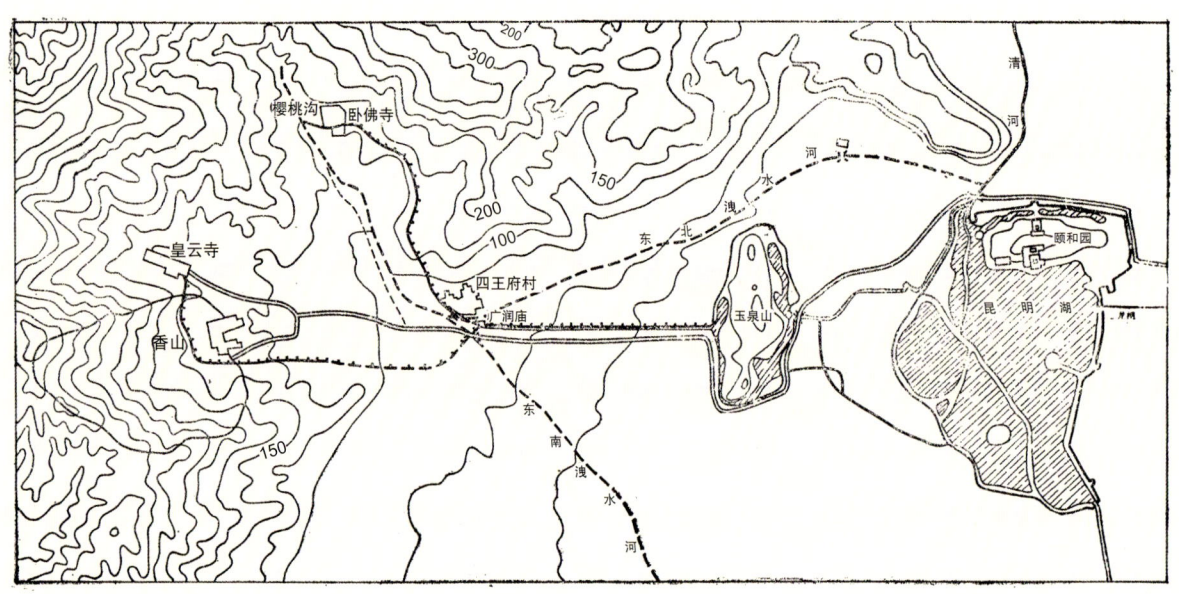

玉泉及西山诸泉引水渠道分布示意图
[采自侯仁之主编：《环境变迁研究》（第二、三合辑），北京燕山出版社，1989年]

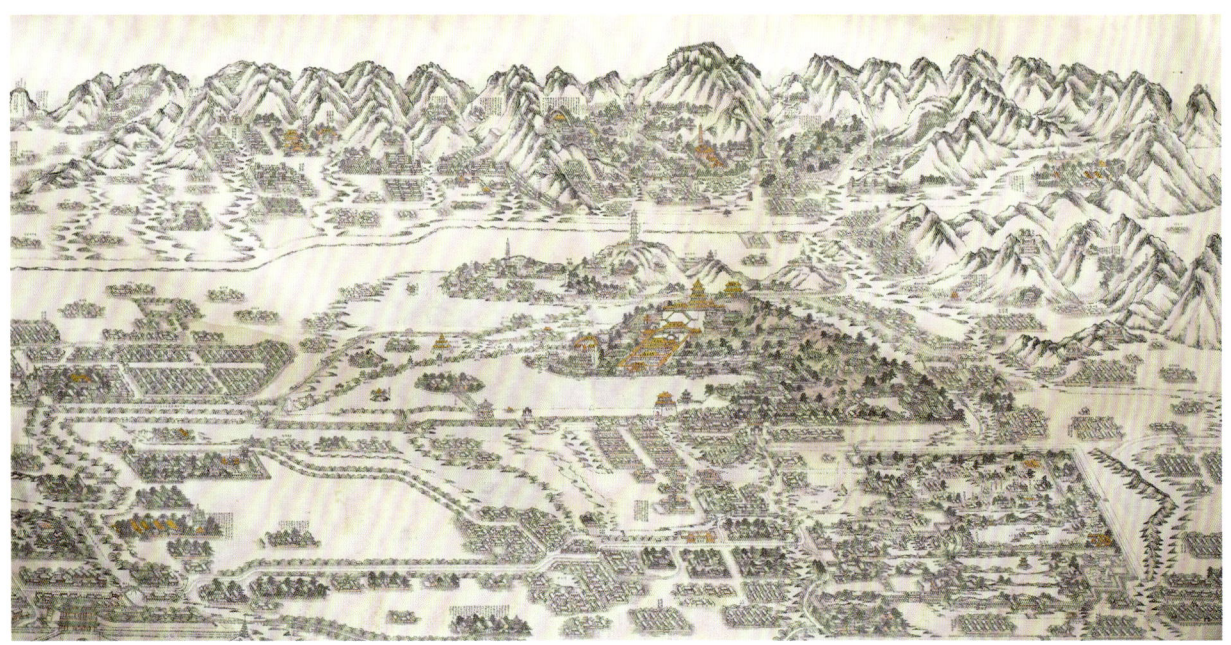

彩印西山名胜全图
画作中心为万寿山清漪园（即今颐和园），周围分布有玉泉山静明园、香山静宜园、畅春园、圆明园，及其他附属园林等。

三山五园的兴建,始于康熙帝之畅春园。康熙晚年,又在畅春园以北,创修圆明园。其后,相继兴建紧相毗连的长春园、绮春园(后改万春园)。

圆明园遗址

圆明园大门

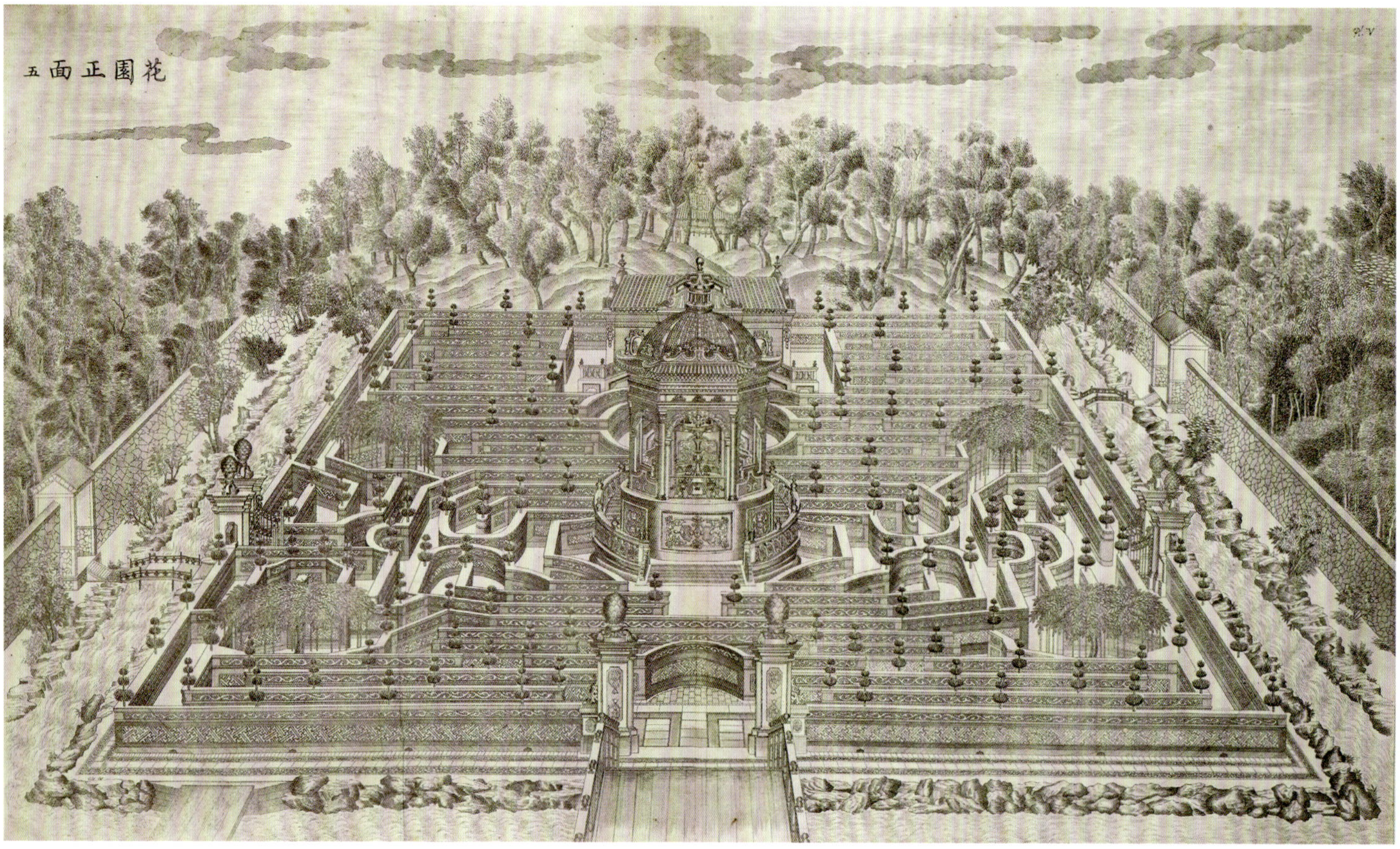

圆明园西洋楼铜版画

圆明园西洋楼铜版画

在修建圆明园与长春园的过程中，大量凿池引水。瓮山泊改为昆明湖，瓮山亦称万寿山，并以此为中心建立清漪园（今颐和园）。1998年11月，颐和园被列入《世界遗产名录》。

颐和园清晏舫

颐和园和万寿山

万寿山风景全图

万寿山在元代时名为瓮山，山前有瓮山泊（即今昆明湖）。明代山前建园静寺。清乾隆十五年（1750），为庆祝皇太后六十寿辰于园静寺旧址建大报恩延寿寺，次年山名改为万寿山。

颐和园十七孔桥

颐和园玉带桥

颐和园云辉玉宇牌楼

玉泉山佛像近景

　　位于昆明湖上游的玉泉山，早在金朝已建有芙蓉殿行宫，其后因旧址屡有修建。清康熙时命名"澄心园"，后改名为"静明园"。乾隆时再加扩建，沿其旧称。

玉泉山远景

玉泉山佛像近景

玉泉山双塔

玉泉塔

玉泉山妙高塔

由玉泉山西至香山,亦是金、元以来历代兴建离宫别馆的山林胜地,乾隆时更是大建亭台楼阁,并为迎接六世班禅进京修建宗镜大昭之庙,是为静宜园。

静宜园图
清(1644～1911)
长139厘米,宽122.2厘米
首都博物馆藏

香山静宜园琉璃门

香山卧佛寺

香山碧云寺近景

香山碧云寺观音像

朗润园通景全图屏

清（1644～1911）
长 173.1 厘米，宽 44.7 厘米
首都博物馆藏

朗润园原名春和园，是圆明园附属园林之一，为小型水景园林。嘉庆时被赐予庆亲王永璘，称庆王园。道光末年被转赐给恭亲王奕䜣，始称朗润园。

健锐营图

清（1644～1911）
长 166.7 厘米，宽 94 厘米
首都博物馆藏

健锐营建立于乾隆十四年（1749），位于北京西郊香山脚下，又称健锐云梯营、飞虎云梯健锐营。健锐营为八旗精锐，在平定大小金川、平定大小和卓等战役中建功卓著。

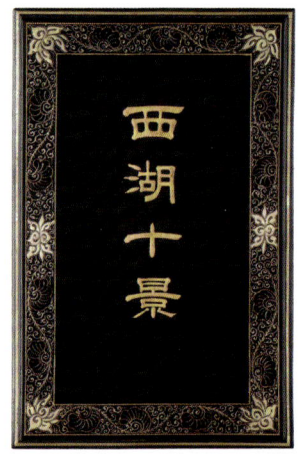

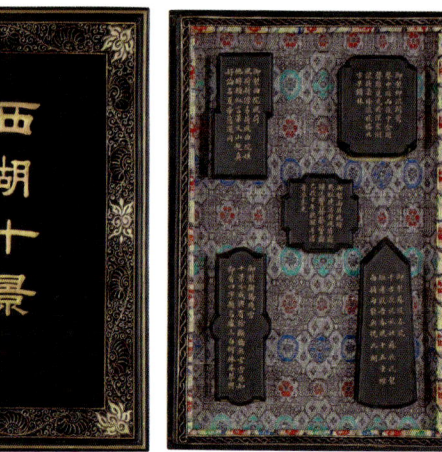

御制西湖十景墨

清（1644～1912）
最大：长 9.7 厘米，宽 3 厘米
首都博物馆藏

此套清代贡墨共十锭，每锭形制各异，摹刻杭州西湖十处名胜：苏堤春晓、曲院风荷、三潭印月、平湖秋月、柳浪闻莺、双峰插云、南屏晚钟、花港观鱼、雷峰夕照、断桥残雪。

皇家苑囿南海子

南苑位于今北京市丰台区和大兴区,是元、明、清三代皇家苑囿,明代改称南海子。南苑地处永定河冲积扇前缘,地势低洼,多古河道,泉源密布,草木丰茂,野生动物多栖息其间。早在辽金时期,统治者即常来此游猎。

明清时期，古都北京寺庙众多，历史悠久。同时，西山地区建有大量皇家寺院。

潭柘寺楞严坛

潭柘寺山门

潭柘寺始建于西晋，距今已 1700 多年。寺内殿宇巍峨，佛塔林立，名木繁盛，庭院清幽，充分体现了皇家敕建寺院的恢宏气势。民间素有"先有潭柘寺，后有北京城"的说法。

八大处

自隋唐至明清，西山南麓先后建有灵光寺、长安寺、三山庵、大悲寺、龙王堂、香界寺、宝珠洞、证果寺八处寺院，故名八大处。其中，灵光寺、长安寺、大悲寺、香界寺、证果寺均为敕建。

皇家苑囿南海子

南苑位于今北京市丰台区和大兴区，是元、明、清三代皇家苑囿，明代改称南海子。南苑地处永定河冲积扇前缘，地势低洼，多古河道，泉源密布，草木丰茂，野生动物多栖息其间。早在辽金时期，统治者即常来此游猎。

明清时期，古都北京寺庙众多，历史悠久。同时，西山地区建有大量皇家寺院。

潭柘寺楞严坛

潭柘寺山门

潭柘寺始建于西晋，距今已 1700 多年。寺内殿宇巍峨，佛塔林立，名木繁盛，庭院清幽，充分体现了皇家敕建寺院的恢宏气势。民间素有"先有潭柘寺，后有北京城"的说法。

八大处

自隋唐至明清，西山南麓先后建有灵光寺、长安寺、三山庵、大悲寺、龙王堂、香界寺、宝珠洞、证果寺八处寺院，故名八大处。其中，灵光寺、长安寺、大悲寺、香界寺、证果寺均为敕建。

大觉寺

大觉寺始建于辽代，名清水院。明宣德三年（1428），改名大觉寺。明末清初，寺院被毁。清康熙五十九年（1720），雍亲王胤禛对寺院进行修建。乾隆十二年（1747）再次大修，并敕建白塔。

大觉寺白塔

法海寺壁画（局部）

法海寺位于北京石景山区模式口，始建于明代。寺中壁画栩栩如生、独具神韵，历史悠久、保存完整，在中国现存壁画中占据重要地位。

明景泰元年款铜镀金释迦牟尼佛像

明 景泰元年（1450）
通高84厘米，底62厘米×46厘米
首都博物馆藏

（二）王公墓葬

西山永定河文化带的王公墓葬分布广泛，时间跨度长，自西汉至明清均有分布。

景泰陵位置图

景泰皇帝像

景泰陵

[采自北京市文物局编：《北京文物地图集》（上），科学出版社，2009年]

景泰陵是明景泰皇帝朱祁钰（1428～1457）的陵寝。英宗在"土木堡之变"中被俘，朱祁钰继位。英宗重夺皇位后，废朱祁钰为王，死后以亲王规制葬于京西金山口。成化朝（1465～1478）重新以皇陵规制营建陵寝。

孝靖皇后像

西郊金山妃嫔墓葬位置图

妃嫔墓葬在北京有两处，一处在十三陵园内，另一处在西郊金山。明代妃嫔多葬金山，少数葬于十三陵。

丁丑,晨饭别山僧,东出就北道山,朝诸王公主,殂绝者并葬金山,碧殿道接,化为榛莽瓦砾者过半矣。
——清 谈迁《北游录》

神京西北隅计二十五里,大明之墓置于斯,相继人烟丛集,随后以墓记村,因以为东四墓焉。
——乾隆二十四年《重修天仙庙记》

画后妃像（明《汉宫春晓》局部）

董四墓2号墓平面示意图
（采自中国社会科学院考古研究所编辑：《北京大葆台汉墓》，文物出版社，1989年）
董四墓位于海淀区中部，1951年曾发掘过两座明代妃嫔墓，共葬十个妃嫔，即一号墓葬天启帝的三个妃子，二号墓葬万历帝的七个内嫔，印证了明代妃嫔多人一墓制的记载。墓葬中出土了金纽扣，在明代服饰中较有特色，同时还出土了梅瓶、金簪、金执壶、银盘等遗物。金器上镶嵌装饰品，表明了明代发达的工艺技术。

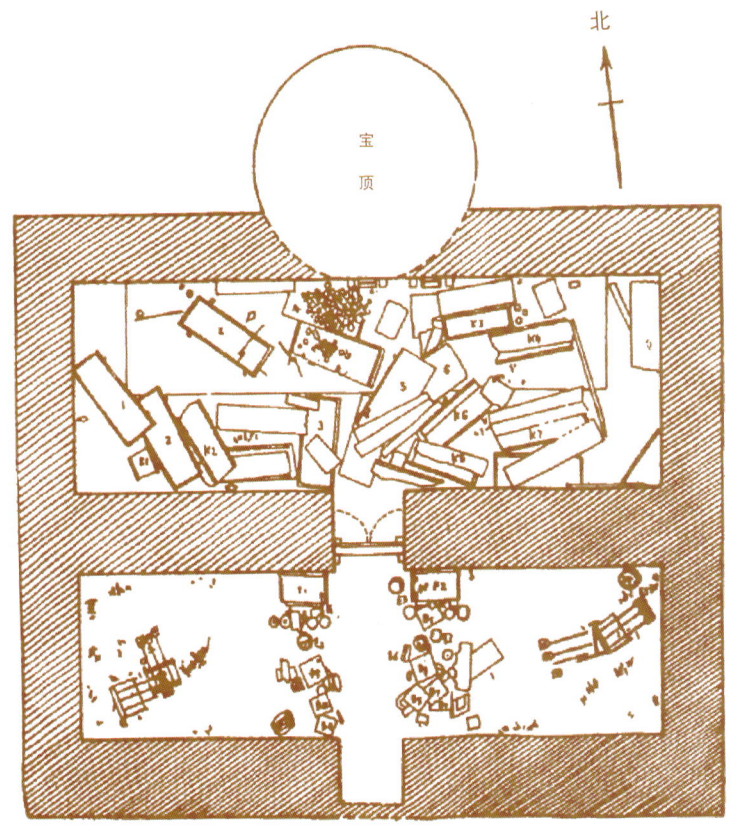

王讳祐枟，宪宗皇帝第六子，母贵妃邵氏。生于成化十七年六月初三日，二十三年七月十一日册封为雍王。弘治十二年八月十二日，之国湖广衡州府。正德二年正月初五日以疾薨，享年二十有七。

——《雍靖王圹志》

秋七月戊申，封皇子祐杬为兴王，祐棆岐王，祐槟益王，祐樘衡王，祐枟雍王。

——《明史·本纪·卷十四》

雍靖王壙誌
王諱祐枟
憲宗皇帝第六子母貴妃邵氏生於成化十七年六月初三日
十三年七月十一日冊封為雍王弘治十二年八月十二日
之國湖廣衡州府正德二年正月初五日以疾薨享年二十
有七
上聞訃哀悼輟視朝三日遣官諭祭謚曰靖命有司治喪葬如禮
太皇太后
皇太后
英廟皇妃
憲廟皇妃
中宮
母妃
親王
公主皆遣祭妃吳氏錦衣衛指揮使吳玉次女
上重念王之嗣不□遂叅特遣内臣奉迎靈柩歸葬于京城之西
山妃及宮人亦居於京其葬實正德二年八月二十六日也
嗚呼
帝室至親分封大國為人孝友温恭雅好學問宜膺壽祉光隆藩
輔而之國未久遽尔薨逝其命也夫然得
上之眷念還葬京師靈爽有憑而時祀弗絕亦無憾矣敬述大槩
納諸幽壙以昭不朽云

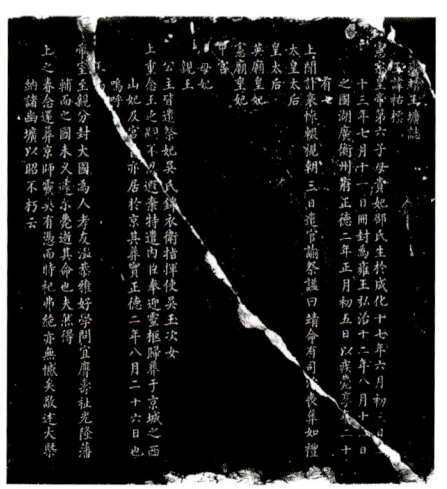

雍靖王圹志拓片

雍王墓在翠微山麓的雍王府村，为明宪宗第六子雍靖王之墓。雍王封地在今四川、湖南，未就藩而死于京城。

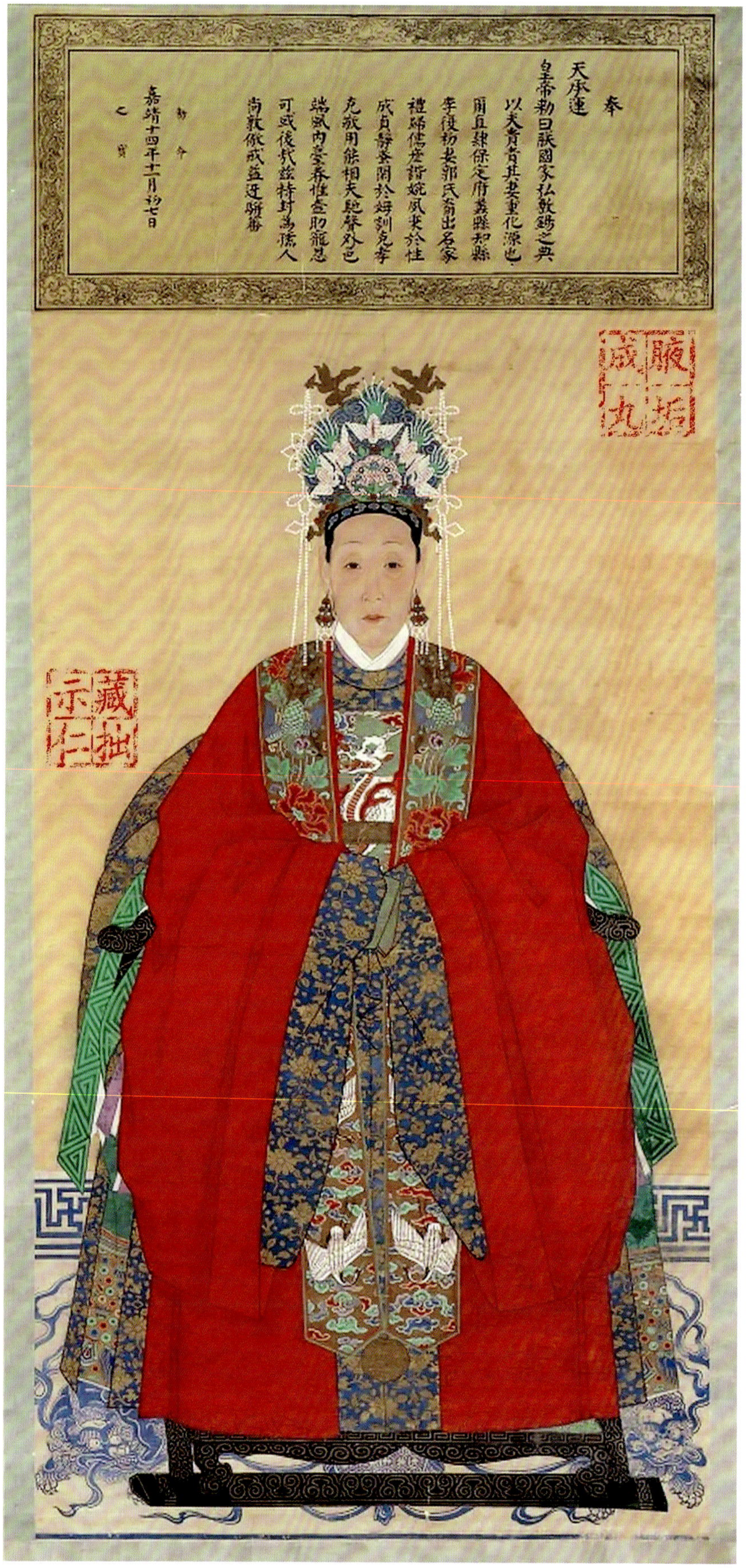

风宪官夫人像

雍王墓为夫妻合葬墓，有霞帔帔坠、金玉珠宝等文物出土。明代延续前朝的服装制度，凤冠霞帔成为皇后、皇妃和命妇的礼服。皇后戴凤冠，命妇戴翟冠。

明弘治款镂空云凤纹金帔坠

明 弘治（1488～1505）
坠长 9 厘米
北京市石景山区雍王府墓出土
首都博物馆藏

明嵌红蓝宝石云纹金纽扣

明（1368～1644）
长 6.2 厘米，宽 2.8 厘米
北京市海淀区青龙桥董四墓村明墓出土
首都博物馆藏

纽扣

明（1368～1644）
长 8.3 厘米，宽 3.3 厘米，重 61.8 克
北京市石景山区雍王府墓出土
首都博物馆藏

明累丝嵌宝石云凤金簪

明（1368～1644）
通高 6.7 厘米，柄长 16.1 厘米
北京市海淀区青龙桥董四墓村明墓出土
首都博物馆藏

明弘治元年款金执壶

明 弘治元年（1488）
通高 24.3 厘米，口径 8.1 厘米
北京市海淀区青龙桥董四墓村明墓出土
首都博物馆藏

生活用具一组：金汤敦、金匜、金勺

明（1368～1644）
金汤敦：通高 16.2 厘米，口径 15 厘米
金匜：通高 4.3 厘米，口径 19.2 厘米
金勺：柄长 28.1 厘米，口径 6.9 厘米
北京市海淀区青龙桥董四墓村明墓出土
首都博物馆藏

梵文双耳银杯、莲瓣银杯托（套装）

明（1368～1644）
梵文双耳银杯：通高 3.7 厘米，口径 7 厘米，底径 3.7 厘米
莲瓣银杯托：径 18.7 厘米
北京市石景山区雍王府墓出土
首都博物馆藏

鎏金双凤纹银盘

明 万历（1573～1620）
高 5.1 厘米，口径 27.6 厘米
北京市海淀区青龙桥董四墓村明墓出土
首都博物馆藏

景德镇窑青花竹桃纹带盖梅瓶

明（1368～1644）

通高42厘米，口径6.5厘米，腹径22厘米，
底径14.3厘米

首都博物馆藏

明代外戚墓葬，在北京郊区多有发现。1957年在右安门外关厢一带发现成化年间万贵夫妇合葬墓。万贵长女是明宪宗的宠妃。《明史·后妃传》载，万贵妃"机警，善迎帝意"，"帝每游幸，妃戎服前驱"。因此，其父万贵及兄弟都封官加爵，"父子兄弟贵震一时"，地位可谓荣显。万贵曾任锦衣卫指挥使，成化十一年（1475）卒，赙赠祭葬有加，随葬品丰富，出土大量金银、珠宝、玉器等，均属明代宫廷用品。

恭肃贵妃万氏，诸城人。四岁选入掖廷，为孙太后宫女。及长，侍宪宗于东宫。
——《明史·后妃传》

时万贵妃专宠，宫中莫敢言。
——《明史·孝宗本纪》

明宪宗画像

白玉带板

明（1368～1644）
最长8厘米，最宽3.5厘米
北京市丰台区右安门外万贵墓出土
首都博物馆藏

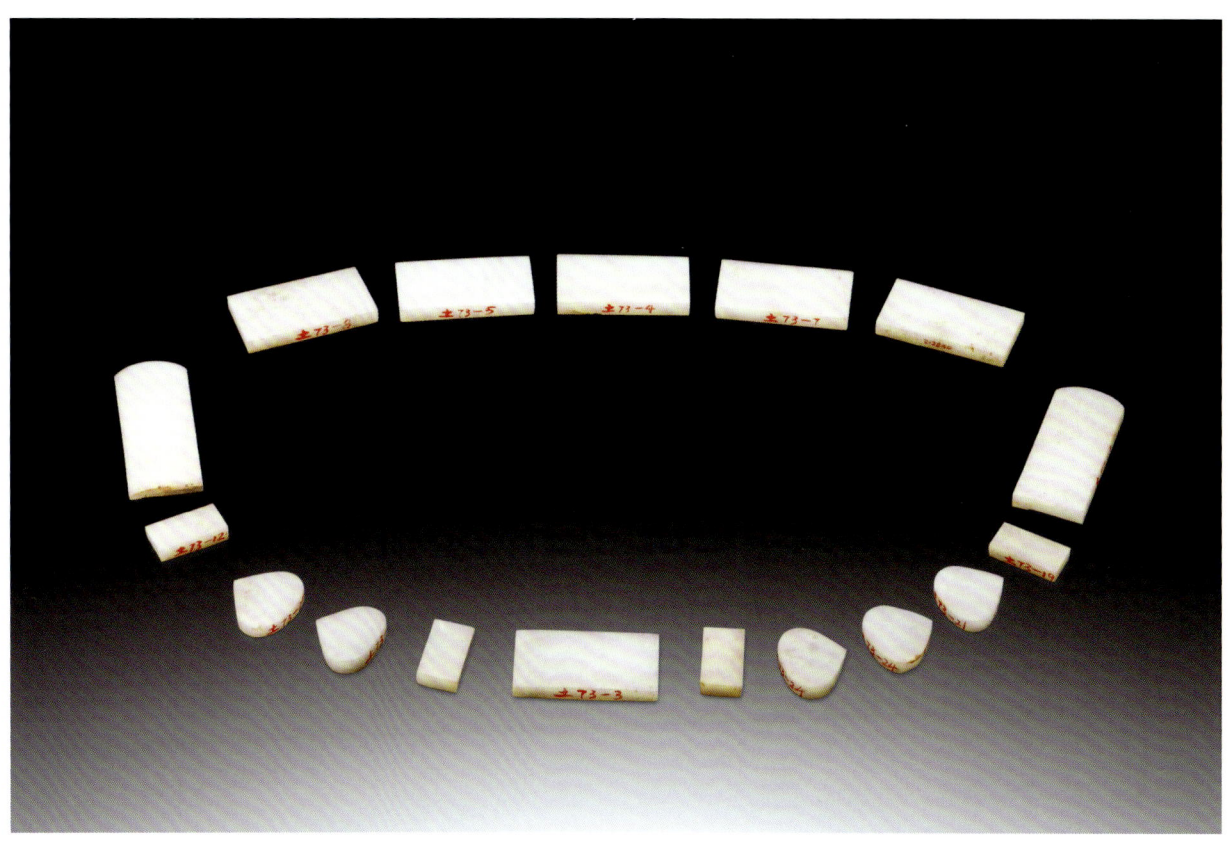

金錾花人物八角杯

明（1368～1644）
高 2.9 厘米，口径 7.0 厘米，底径 4.8 厘米
北京市丰台区右安门外万贵墓出土
首都博物馆藏

金錾楼阁人物八角盘

明（1368～1644）
高 0.9 厘米，口径 16.2 厘米
北京市丰台区右安门外万贵墓出土
首都博物馆藏

明代官员的玉带（明《杏园雅集图》局部）
玉带是由数块乃至十数块扁平玉板镶缀而成的腰带。在明代，玉带仅限于皇帝、藩王、建立功勋受封的公、侯、伯、驸马及夫人使用。

嵌宝石金刻龙纹壶

明（1368～1644）
通高 19.4 厘米，口径 4.4 厘米，底径 5.3 厘米
北京市丰台区右安门外万贵墓出土
首都博物馆藏

杏叶纹金执壶

明（1368～1644）
通高 29.5 厘米，口径 6.4 厘米
北京市丰台区右安门外万贵墓出土
首都博物馆藏

镶珠松石金耳环

明（1368～1644）
通长 8 厘米
北京市丰台区右安门外万贵墓出土
首都博物馆藏

嵌蓝宝石金戒指

明（1368～1644）
高 2.6 厘米，口径 2.1 厘米
北京市丰台区右安门外万贵墓出土
首都博物馆藏

嵌红蓝宝石金戒指

明（1368～1644）
高 2.5 厘米，口径 1.9 厘米
北京市丰台区右安门外万贵墓出土
首都博物馆藏

金臂钏

明（1368～1644）
口径 6.2 厘米
北京市丰台区右安门外万贵墓出土
首都博物馆藏

嵌红蓝宝石葵花金簪

明（1368～1644）
长 13.5 厘米，宽 7.1 厘米
北京市丰台区右安门外万贵墓出土
首都博物馆藏

累丝嵌宝石叶形金簪

明（1368～1644）
长 13.7 厘米，宽 5 厘米
北京市丰台区右安门外万贵墓出土
首都博物馆藏

二

民间盛会

西山永定河的寺庙宫观众多，自汉唐至明清绵延两千多年。碧霞元君、窑神等信仰颇为兴盛，依托古刹名观，创生出的妙峰山庙会、京西太平鼓等民俗文化，至今传扬不息。

（一）民间崇拜

西山永定河地区佛教寺院分布广泛，山麓地带多有大型寺庙，如戒台寺、云居寺等。

戒坛殿

戒台寺全景
戒台寺创建于隋开皇年间，名慧聚寺。辽代，高僧法均创建菩萨戒坛，有"天下第一坛"之称。明正统五年（1440）重修，赐名"万寿禅寺"。

云居寺

云居寺始建于隋末唐初，僧人静琬修建，并在此凿刻石经，后历代门人续刻。1981年11月，石经山下出土舍利两颗，与陕西法门寺佛指舍利、北京八大处佛牙舍利并称"海内三宝"。2006年，云居寺被列入《中国世界文化遗产预备名单》。

云居寺石经地宫

石经埋藏在云居寺内地穴和石经山上九个洞内。首刻于隋代，唐、辽、金、元、明代均有续刻。房山石经具有极高的学术价值、文化价值和历史价值，享有"国之重宝""石经长城"的美誉。

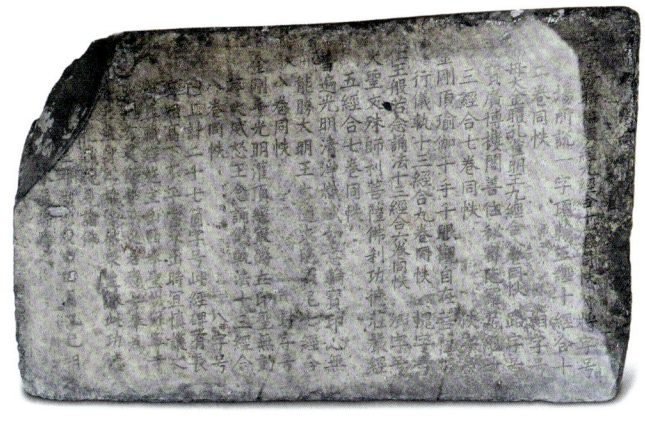

云居寺石经

灵岳寺

灵岳寺位于北京市门头沟区斋堂镇,始建于唐贞观年间,辽代重建,称"白贴山院",金代改称"灵岳寺"。

灵岳寺山门

铜释迦、多宝二佛并坐像

北魏（386～534）
高 12.6 厘米，宽 5.8 厘米
首都博物馆藏

铜镀金释迦牟尼佛禅定像

十六国（304～439）
高 7.4 厘米，底 3.5 厘米 ×1.7 厘米
首都博物馆藏

石雕佛头

明（1368～1644）
高 44 厘米，头围 126 厘米，径 42 厘米
北京市门头沟区永定镇石佛村出土
永定河文化博物馆藏

此件佛头五官雕刻细致，面目圆润，神态宁静，出自门头沟区石佛村。村北崖壁有明代摩崖佛像群，造型各异，比例匀称，刻法精湛。

宝林寺"六道轮回"石造像

明（1368～1644）
高100厘米，宽54厘米
北京市门头沟区永定镇冯村出土
永定河文化博物馆藏

造像呈火焰形、仰莲底座，正面为转轮明王形象，其背生双翅、双手于胸前捧法轮，法轮中心有一结跏趺坐的佛像，法轮两侧各有一胁侍菩萨。

佛牌画（2 件）

清（1644～1912）
长 82 厘米，宽 49 厘米
北京市门头沟区三家店村龙王庙中发现
永定河文化博物馆藏

1987 年修复三家店村龙王庙时，在正殿佛龛下发现大量彩绘佛牌字、佛牌画。画以石青、石绿、石黄、朱砂等石色为主要颜料，工笔重彩，用色讲究，构图疏密有致，极富装饰性。

模制小泥塔（3件）

清（1644～1911）
高 7.5 厘米，底径 3.5 厘米
永定河文化博物馆藏

模制泥塔的制作起源于印度，钵形塔基上刻有莲花座，印有梵文，浮雕八座不同样式的小塔。

明代万历万佛塔琉璃构件

明 万历（1573～1620）
高 33 厘米
永定河文化博物馆藏

妙峰山金顶娘娘庙

碧霞元君，是明清以来华北地区民众普遍信仰的一尊道教神灵。
旧时碧霞元君被人们赋予关心民间疾苦，博施济众，有求必应的形象，受到民间的广泛崇拜。

碧霞元君像

窑神庙

窑神是采煤业的保护神，京西地区煤炭资源丰富，采煤业发达，窑神崇拜广为流传。

圈门戏楼

（二）香会技艺

香会指民间朝山进香的盛会。随着西山永定河地区儒、释、道的融合发展，妙峰山香会逐渐兴盛，四方信众接踵而至，场面十分盛大。随之兴起的庙会、表演等民俗活动，经久不衰，流传至今。

妙峰山香会作为北京历史上最重要的庙会之一，香客遍及华北地区，影响广泛而深远，在民俗学研究中占有重要地位。早在民国时期，便有奉宽所著《妙峰山琐记》。

妙峰山庙会：舞棍者

妙峰山庙会：舞狮者

妙峰山进香场景

天津老路灯会的灯盏

香客老照片

香客老照片

顾颉刚（1893～1980）

江苏苏州人。中国现代著名历史学家、民俗学家，古史辨学派创始人，现代历史地理学和民俗学的开拓者、奠基人。1925年，顾颉刚等人组成调查团，对妙峰山香会进行调查。顾颉刚对香会来源、发展做了详尽考证，对会启、会规、组织形式、办事项目、日期及所能搜集到的香会名单，都做了周密的考察。

《妙峰山琐记》

作者奉宽，全书共分四卷，卷一记载从京城至阳台山一路之风物；卷二、卷三为登山各道的情形；卷四为妙峰山上的所见，包括各处茶棚及朝山社火等景观。

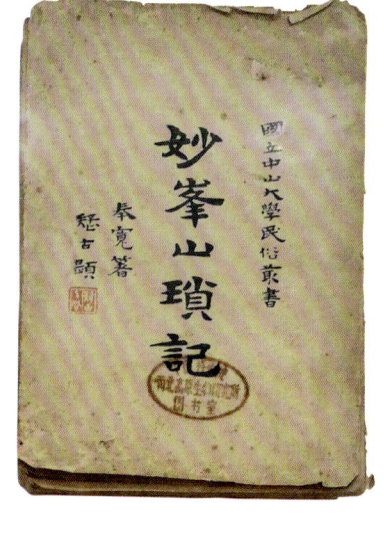

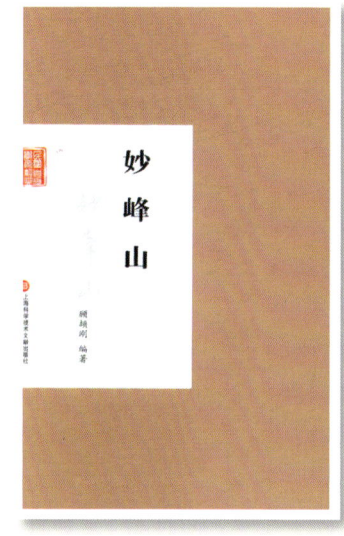

《妙峰山》

1928年，顾颉刚将调查后的文章结集成书出版。妙峰山调查立刻引起了学术界的关注，并且开创了我国民俗学田野调查的先河。妙峰山也因此被誉为中国民俗学的发祥地。

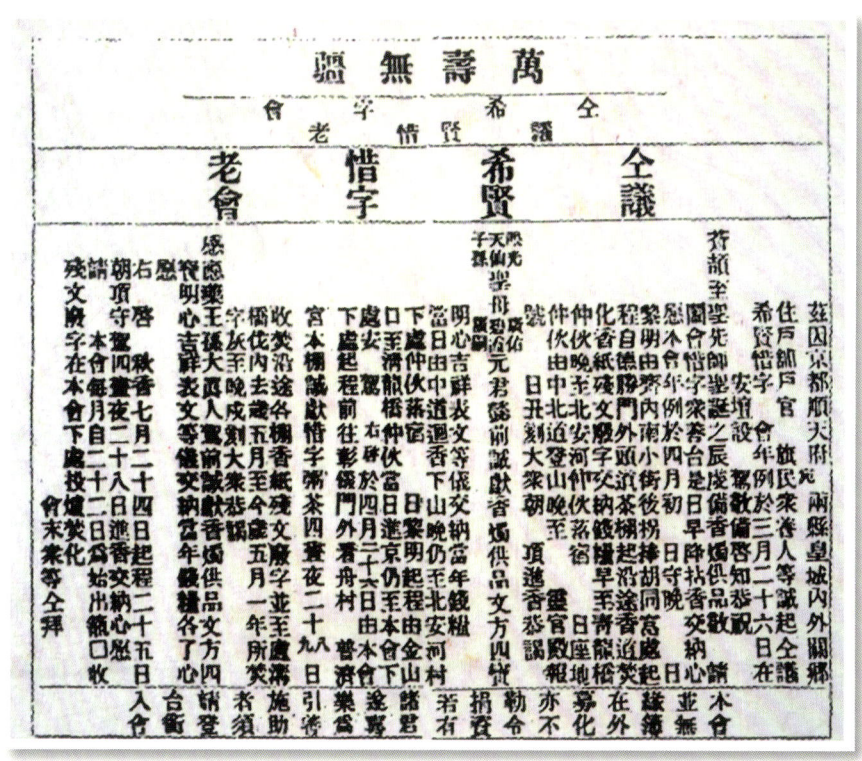

顾颉刚整理的会启

天妃圣母碧霞元君

明 万历（1573～1620）
长175.6厘米，宽91.8厘米
首都博物馆藏

万寿山过会图

清（1644～1911）
长161厘米，宽84.8厘米
首都博物馆藏

（三）民俗演艺

伴随民间信仰和香会艺术的发展，西山永定河地区民俗活动日益繁荣。民间戏曲、皮影艺术、庙会等活动不断兴盛，构成了京西民俗文化的重要组成部分。

妙峰山庙会

京西太平鼓

庄户与千军台幡会走会

太平鼓

民国（1912～1949）
长 73.5 厘米，宽 56.6 厘米
永定河文化博物馆藏

太平鼓自明代起在北京流传，清初极为盛行。百姓们逢年过节击打太平鼓，以音乐伴奏，边击鼓，边歌舞。2006 年，京西太平鼓被列入国家级非物质文化遗产名录。

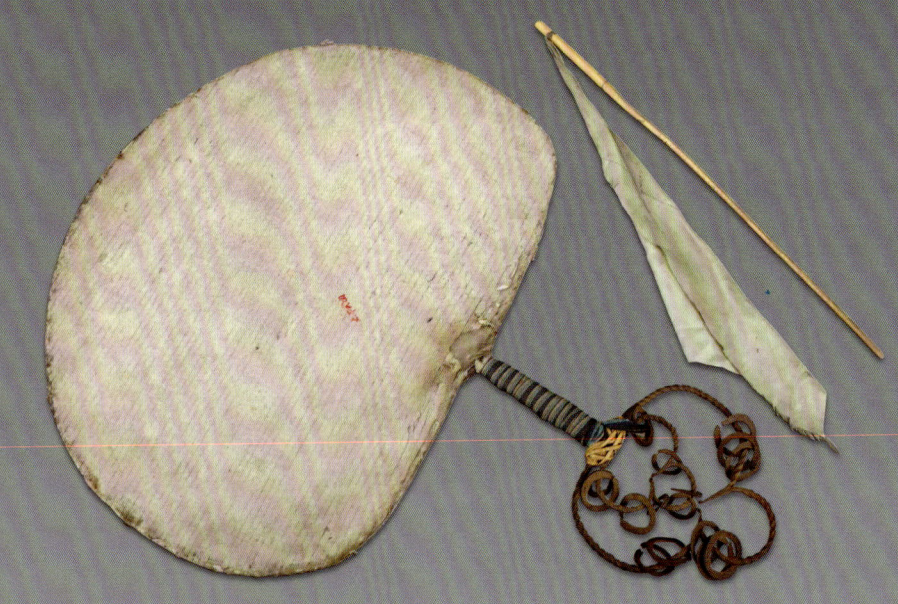

皮影戏剧本《锁阳关》

民国（1912～1949）
长 18.3 厘米，宽 13 厘米
永定河文化博物馆藏

皮影戏剧本《定唐》

民国（1912～1949）
长 17.7 厘米，宽 13.7 厘米
永定河文化博物馆藏

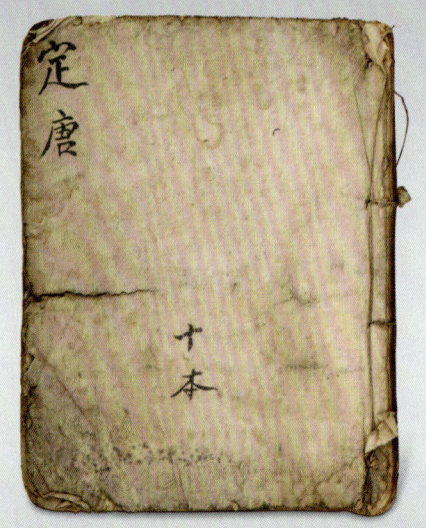

制作皮影

皮影戏

皮影戏道具一组

民国（1912～1949）
惊堂木：13厘米×4厘米×3厘米
铜钹：直径31厘米
小鼓：直径23厘米，厚9厘米
铜锣：直径34厘米，厚2厘米
永定河文化博物馆藏

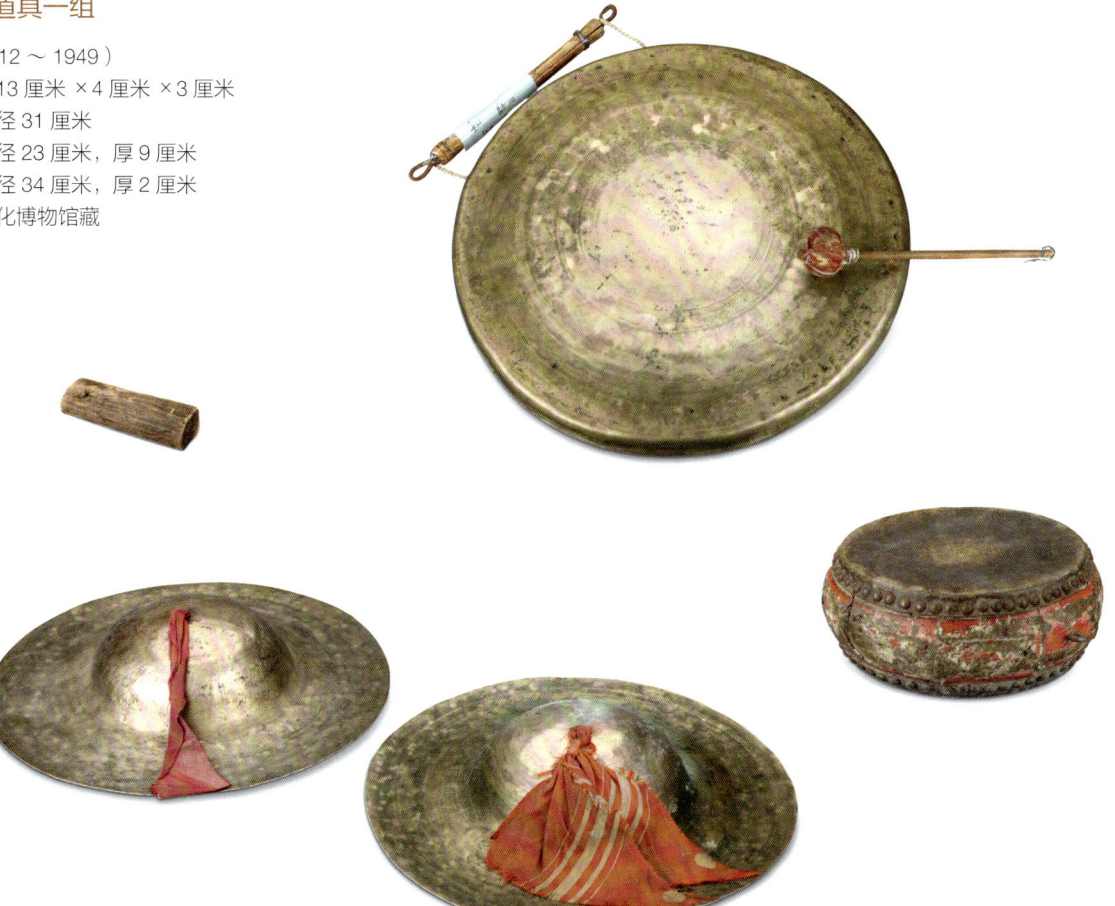

下苇甸皮影一组

清（1644～1911）
头茬：宽 40 厘米，高 49 厘米
身段：宽 55 厘米，高 73 厘米
景片：宽 73 厘米，高 55 厘米
永定河文化博物馆藏

门头沟区下苇甸村是北京西派皮影的发源地之一，演出时参照剧本表演，唱腔曲调高亢。皮影制作原料为白驴皮，所制成的道具颜色鲜明、玲珑剔透。

三

红色征程

北京近现代社会风云激荡，西山永定河地区长辛店、卢沟桥、斋堂、香山等处形成红色文化聚集区，见证着中国共产党领导人民从旧中国走向新中国、踏上中华民族伟大复兴的壮丽征程。

（一）红色先驱在京西

1917 年，俄国十月革命爆发后，以李大钊为代表的先进知识分子开始在中国传播马克思主义。

李大钊（1889～1927）

河北乐亭人。1916 年，任《新青年》杂志编辑。1920 年在北京发起组织马克思主义研究会和共产党早期组织。1927 年 4 月 28 日在北京就义。

《新青年》（10 册）

民国（1912～1949）
长 26 厘米，宽 20 厘米
首都博物馆藏

1915 年，陈独秀在上海创立《青年杂志》，次年更名为《新青年》，宣传民主与科学。新文化运动的中心由上海转移至北京后，《新青年》由李大钊、鲁迅等人撰稿，对中国革命产生了广泛而深远的影响。

李大钊烈士碑文拓片

民国（1912～1949）
长 138.6 厘米，宽 49 厘米
首都博物馆藏

李大钊牺牲后，灵柩停放在宣武门外妙光阁浙寺。1933 年 4 月，中共河北省委、中共北平市委举行公葬李大钊活动，并在万安公墓埋下刻有"中华革命领袖李大钊同志之墓"字样的石碑。

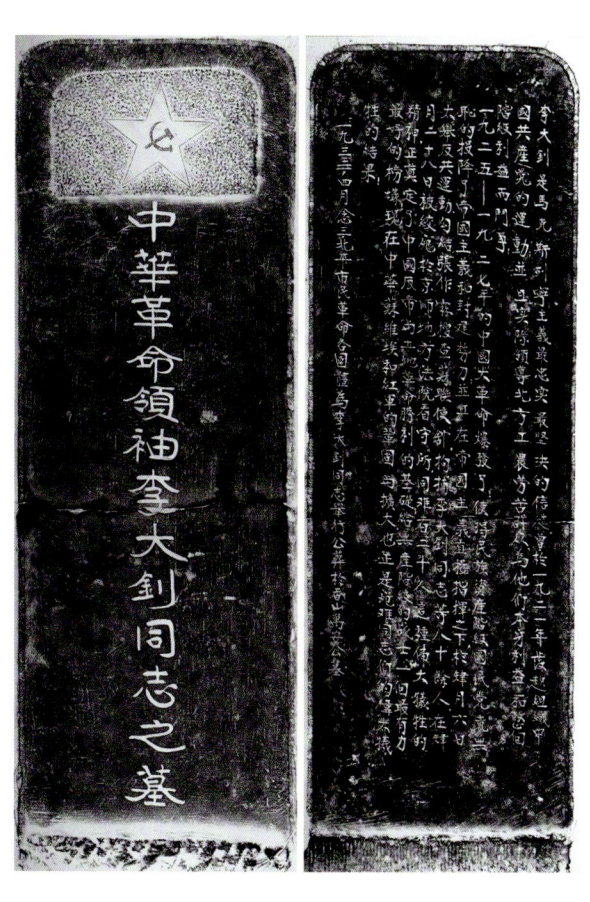

邓中夏

高君宇

1920年邓中夏、高君宇等创办的平民夜校

《少年中国》（4册）

民国（1912～1949）
长25厘米，宽17.5厘米
首都博物馆藏

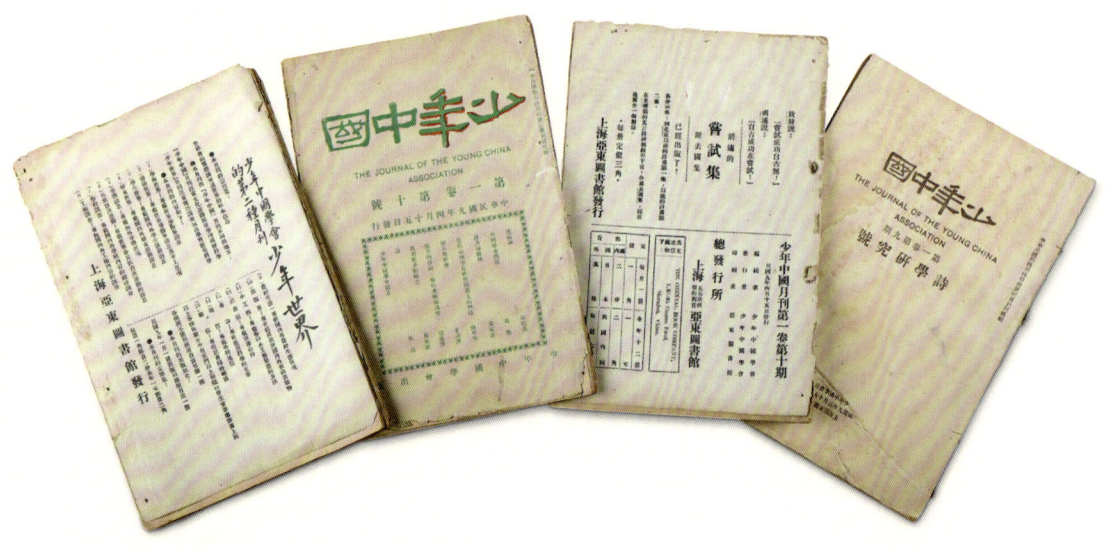

1920年漫画《资本家的末路》

西山永定河地区煤业发达,铁路事业发展较早,形成了早期的工人阶级。1920年10月,共产党小组成立后,即决定在长辛店开展工人运动。

二七大罢工旧址

中国共产党在此领导的长辛店二七大罢工是京汉铁路工人运动的重要组成部分,掀起了中国工人运动的第一个高潮。

觉悟社刊物《觉悟》

民国（1912～1949）
长28厘米，宽20厘米
首都博物馆藏

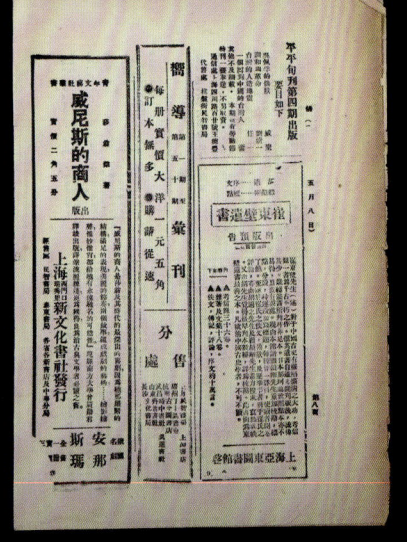
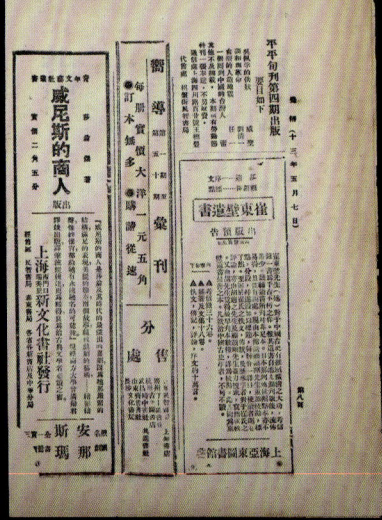

曙光社刊物《曙光》

民国（1912～1949）
长25.5厘米，宽18厘米
首都博物馆藏

《中国职工运动简史》（邓中夏遗著）（2册）

民国（1912～1949）
左：长18厘米，宽13厘米
右：长17.5厘米，宽12厘米
首都博物馆藏

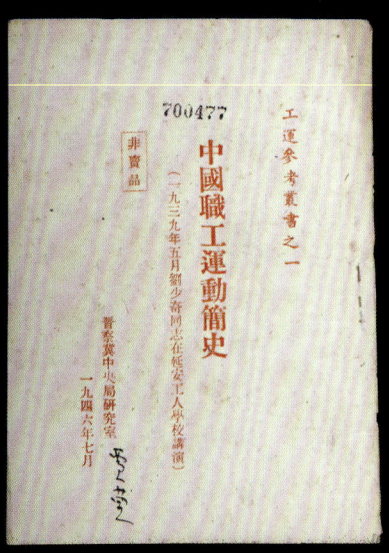

崔显芳故居

崔显芳（1888～1934），雁翅镇田庄村人。1922～1924年在上海学习期间加入中国共产党。1924年，回到家乡，以办学、行医为掩护，宣传马克思主义，成为京西山区传播马克思主义的先驱。

京西山区中共第一党支部——田庄高小旧址

1931年9月，崔显芳与党组织建立联系。1932年中共田庄高小支部秘密成立，这是京西山区最早的农村党支部。张又新任书记，高奉明任副书记，高连勇任组织委员，李育民任宣传委员。

1933年春，崔显芳等人组织成立中共宛平县委，书记赵明鉴，组织委员师永林，宣传委员先后由张又新、魏国元担任。他们领导党支部和进步组织，在宛平山区开展秘密革命活动。

"一元春"药铺遗址

"宝立成"银铺旧址

1933年11月,中共田庄高小支部遭到破坏,中共宛平县委迁至青白口村,并开设"宝立成"银铺和"一元春"药铺作为秘密联络站。崔显芳以坐堂大夫之名,从事党的秘密活动。

门头沟矿区特别支部书记李葆华

李葆华（1909～2005），河北乐亭人，李大钊长子。1931年加入中国共产党。1932年5月，任中共门头沟矿区特别支部书记。中华人民共和国成立后，任水利部副部长、中国人民银行行长等职。

门头沟中英煤矿旧址

三家店二郎庙党的活动遗址

（二）平西抗日根据地

1937年，日军发动"卢沟桥事变"，北平沦陷，中华民族全面抗战爆发。中国共产党领导的武装在西郊开辟抗日根据地，京西民众普遍响应，积极投入到民族抗战的洪流中。

宛平城

卢沟桥

守卫卢沟桥的第二十九军士兵抗击日军

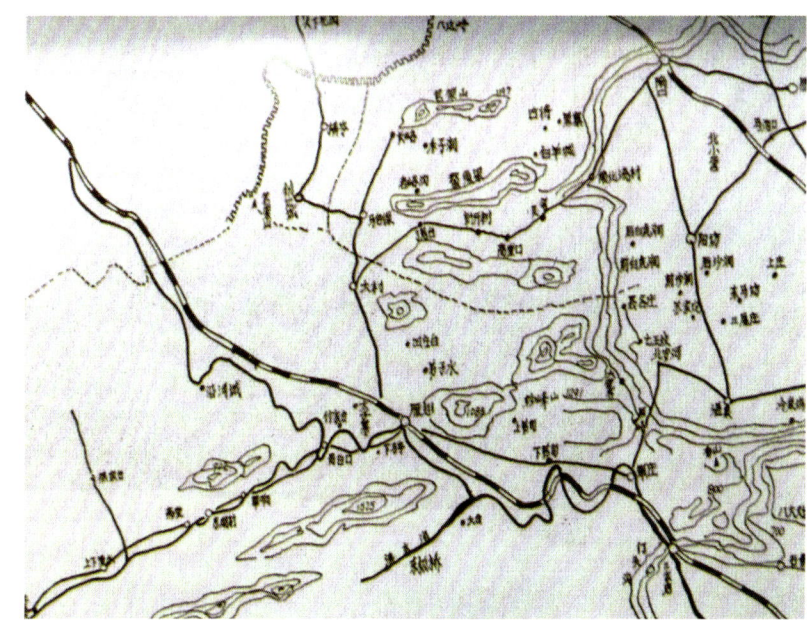

国民抗日军进入西山路线图

（采自韩春鸣主编：《梦回吹角连营——从田庄一个党支部到京西山区党组织发展风云录》，北京日报出版社，2018年）

国民抗日军是北平西郊创建的第一支人民抗日武装，成立于"七七事变"后。1937年12月，国民抗日军改编为八路军晋察冀军区第五支队。

国民抗日军使用过的大刀

民国（1912～1949）
长78厘米，宽10厘米
永定河文化博物馆藏

国共合作抗日旗

民国（1912～1949）
长 119 厘米，宽 92.8 厘米
首都博物馆藏

1937 年 9 月 22 日，国民党中央通讯社发表《中共中央为公布国共合作宣言》，宣告国共两党第二次合作，抗日民族统一战线正式建立。

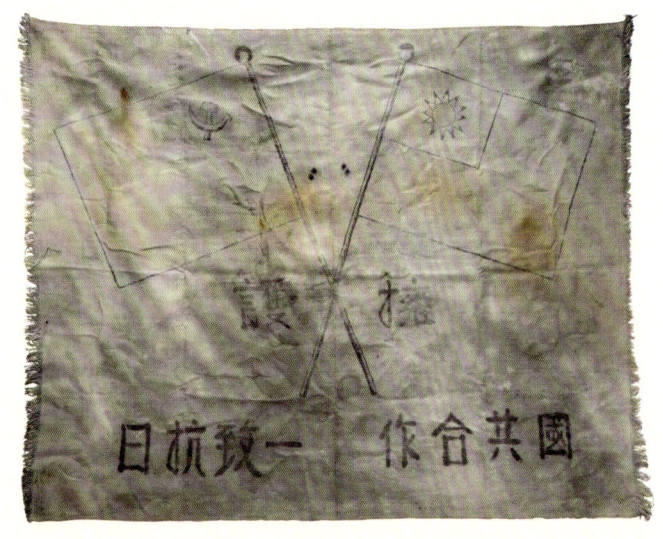

八路军晋察冀部队初创平西根据地示意图（1938 年 3～9 月）

七七事变爆发前，1937 年春，魏国元在青白口村建立党的联络站，恢复和发展宛平县党组织，为创建平西根据地做前期准备。1938 年八路军在西郊开辟了平西根据地。

八路军九团帽徽

民国（1912～1949）
径 2.7 厘米
首都博物馆藏

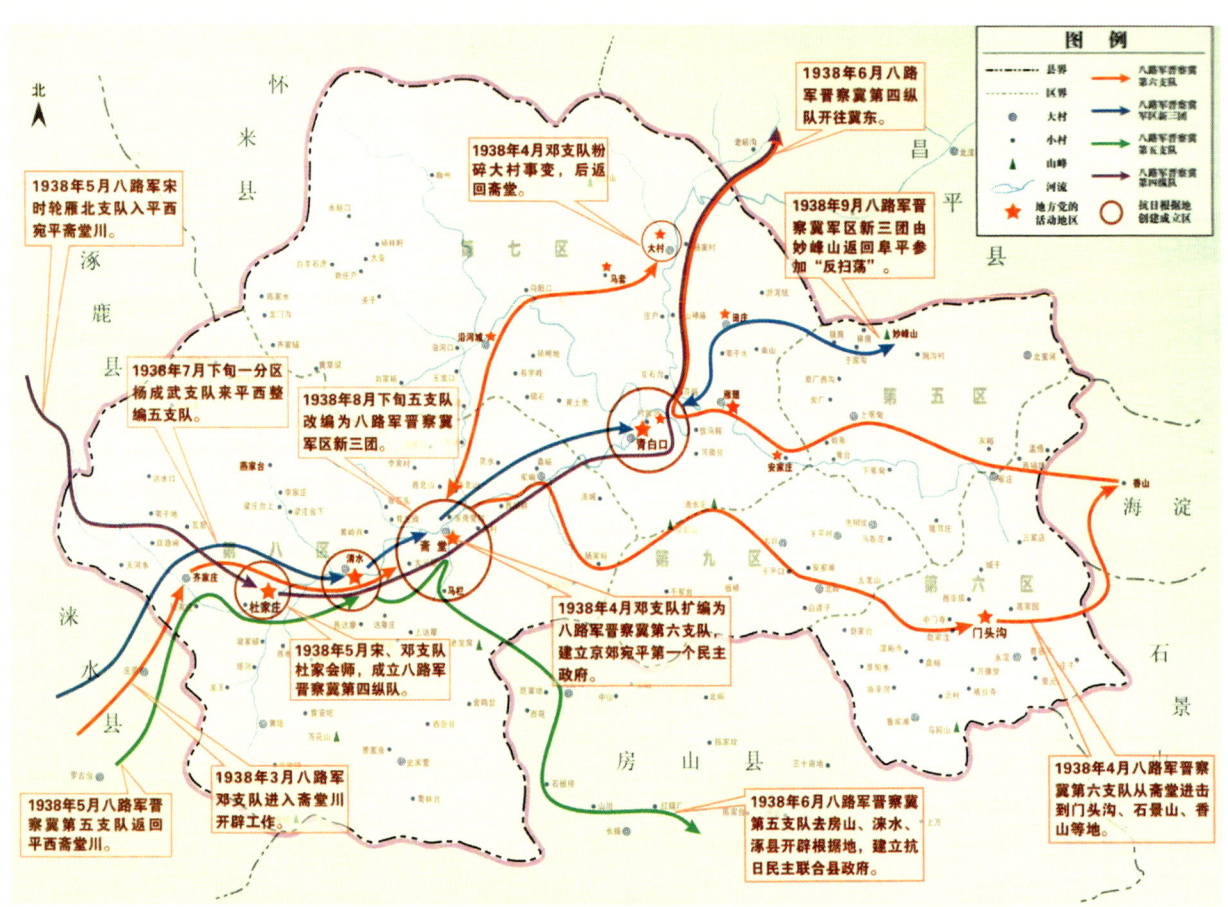

> **《北渡拒马河》**
> 萧克
>
> 北渡拒马河，百花山在望。
> 建立挺进军，深入敌心脏。
> 放眼冀热察，前程不可量。
> 军民同协力，胜过诸葛亮。
> 抗战虽持久，笑我力正壮。

八路军主力部队进入斋堂川

在斋堂川人民的支持下，大批平西子弟加入八路军。1938年5月27日，邓华与宋时轮两个支队在斋堂川整编为八路军第四纵队。

邓华（右一）、宋时轮（左一）

宛平县抗日民主政府遗址

1938年3月，八路军晋察冀军区一支队政委邓华率三大队挺进平西斋堂川，当月在东斋堂村成立宛平县抗日民主政府，魏国元任县长。

冀热察区党委、冀热察挺进军部分领导人——马辉之（右一）、萧克（右二）

1939年1月，萧克、马辉之在上、下清水村召开会议，宣布中共中央关于成立冀热察区党委和冀热察挺进军的决定。

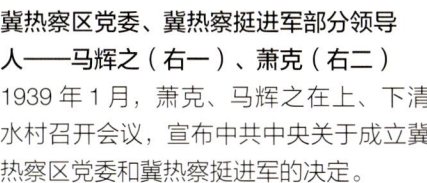

国际友人林迈可（Michael Lindsay）通过秘密交通线进入平西根据地

情报员苏静雕像

平西抗日根据地与平津地区的四条主要秘密交通线示意图

为保持北平城内与各抗日根据地之间的联系，中共冀热察区党委和晋察冀分局从 1939 年开始组建严密的党内秘密交通网络。

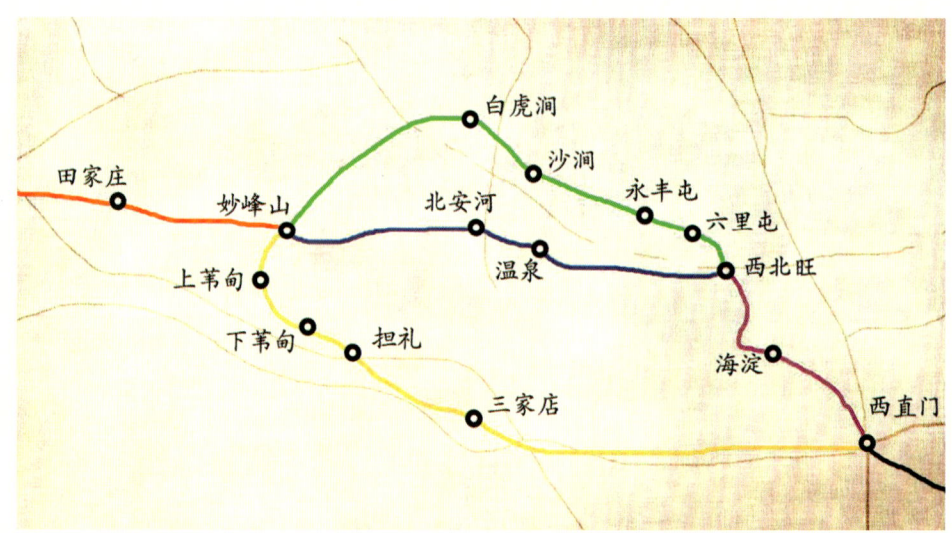

平西情报联络站

平西情报联络站，位于北京市门头沟区妙峰山镇涧沟村，是在根据地与北平城之间负责传递情报和护送来往人员的工作站，曾在抗日战争、解放战争中发挥重要作用。

我们不会忘记，无数法国友人为中国各项事业发展作出了重要贡献。他们中有冒着生命危险开辟一条自行车"驼峰航线"、把宝贵的药品运往中国抗日根据地的法国医生贝熙业。

——习近平在中法建交五十周年纪念大会上的讲话

贝家花园聚会场景
贝家花园处于敌占区和根据地的交界线，山路崎岖难行。抗日战争时期，这里曾经是中共在京西的重要地下情报联络站，掩护爱国青年学生、共产党干部、国际友人奔向革命根据地。

贝熙业
（Jean Jérome Augustin Bussière）
（1872～1960），法国人，1915年定居王府井大甜水井16号，1923年在今海淀区北安河村修建了贝家花园，进行免费诊疗、慈善事业等活动。

自行车上的"驼峰航线"
抗日战争时期，贝熙业与中国共产党取得联系，为根据地运送药品。他骑自行车载重几十斤，走崎岖土路六七十里，从北平住处到西直门，再到海淀，经百望山，最后到达贝家花园。

八路军军用水壶

民国（1912～1949）
通高 22 厘米，宽 14 厘米，厚 7 厘米
永定河文化博物馆藏

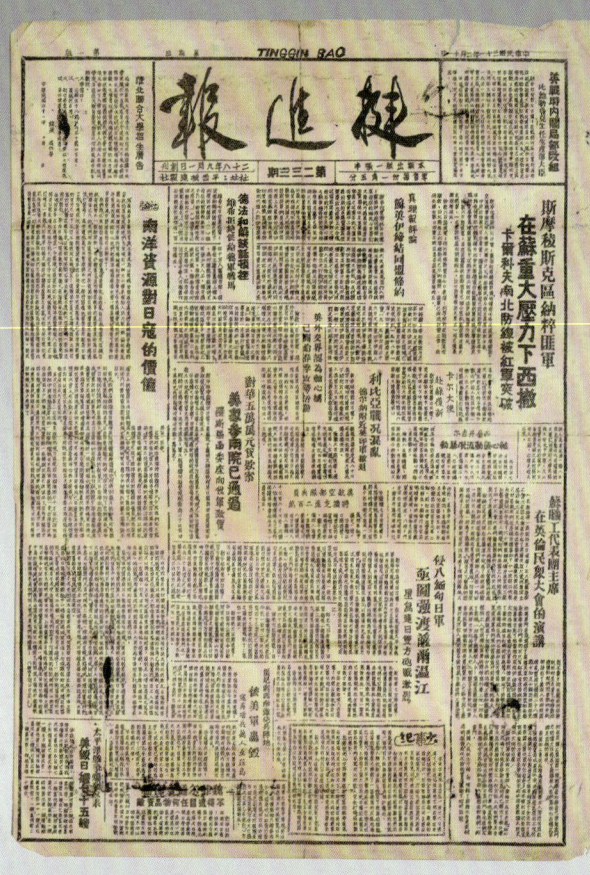

《挺进报》

民国（1912～1949）
长 53.2 厘米，宽 39.5 厘米
首都博物馆藏

1939 年在平西创刊，初为挺进军政治部创办的军报。1942 年改为中共平北地委党报，为鼓舞抗日斗争，教育抗日军民做出特殊的贡献。

我们不会忘记，无数法国友人为中国各项事业发展作出了重要贡献。他们中有冒着生命危险开辟一条自行车"驼峰航线"、把宝贵的药品运往中国抗日根据地的法国医生贝熙业。

——习近平在中法建交五十周年纪念大会上的讲话

贝家花园聚会场景
贝家花园处于敌占区和根据地的交界线，山路崎岖难行。抗日战争时期，这里曾经是中共在京西的重要地下情报联络站，掩护爱国青年学生、共产党干部、国际友人奔向革命根据地。

贝熙业
（Jean Jérome Augustin Bussière）
（1872～1960），法国人，1915年定居王府井大甜水井16号，1923年在今海淀区北安河村修建了贝家花园，进行免费诊疗、慈善事业等活动。

自行车上的"驼峰航线"
抗日战争时期，贝熙业与中国共产党取得联系，为根据地运送药品。他骑自行车载重几十斤，走崎岖土路六七十里，从北平住处到西直门，再到海淀，经百望山，最后到达贝家花园。

八路军军用水壶

民国（1912～1949）
通高 22 厘米，宽 14 厘米，厚 7 厘米
永定河文化博物馆藏

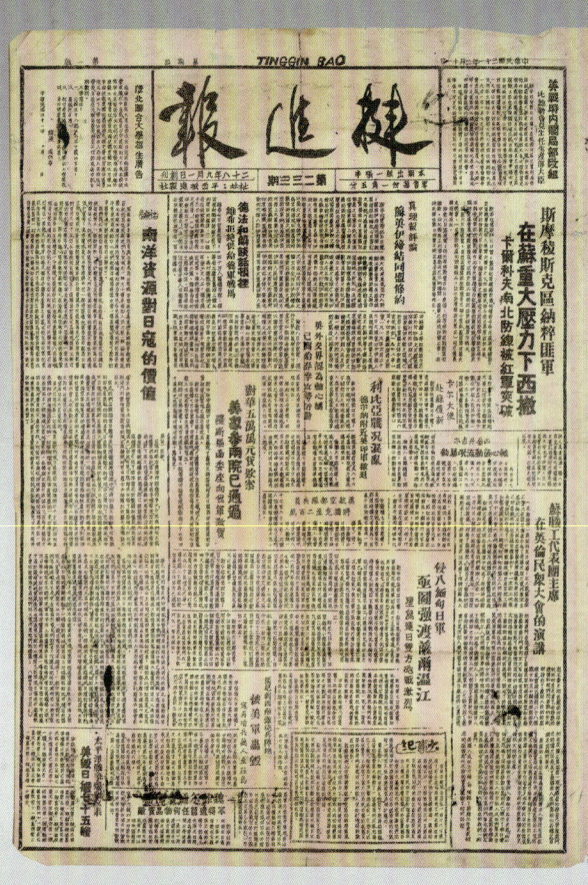

《挺进报》

民国（1912～1949）
长 53.2 厘米，宽 39.5 厘米
首都博物馆藏

1939 年在平西创刊，初为挺进军政治部创办的军报。1942 年改为中共平北地委党报，为鼓舞抗日斗争，教育抗日军民做出特殊的贡献。

地雷

民国（1912～1949）
高 17 厘米，径 3.8 厘米
首都博物馆藏

铁地雷（2件）

民国（1912～1949）
左：高 17 厘米，口径 3.8 厘米
右：高 12 厘米，口径 4.4 厘米
首都博物馆藏

民兵用过的地雷

民国（1912～1949）
直径 16 厘米
永定河文化博物馆藏

八路军军用子弹盒

民国（1912～1949）
通高 9 厘米，宽 16 厘米，厚 6 厘米
永定河文化博物馆藏

《毛泽东选集》

民国（1912～1949）
长 18.4 厘米，宽 12 厘米
首都博物馆藏

《晋察冀边区施政纲领》

民国（1912～1949）
长 18.3 厘米，宽 12.3 厘米
首都博物馆藏

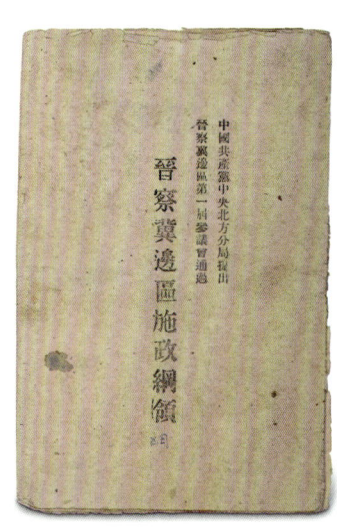

白乙化（1911～1941）

辽宁省辽阳市人，八路军指挥员，指挥了沿河城战斗，击溃日军大岛大队，击毙奥村中队长，在东胡林阻击战中击落敌机1架。1941年2月壮烈牺牲，成为抗战期间八路军在北京牺牲的最高级别指挥员。

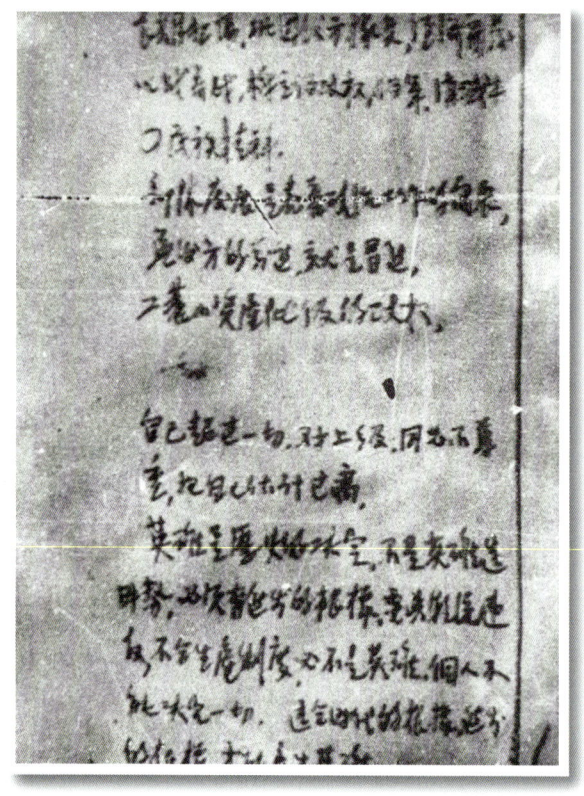

白乙化手迹

晋察冀版《论联合政府》

民国（1912～1949）
长 18.6 厘米，宽 12.4 厘米，厚 0.
首都博物馆藏

中共晋察冀中央局制《入党

民国（1912～1949）
长 54.5 厘米，宽 37.5 厘米
首都博物馆藏

"宛平县第三区区公所"印章

民国（1912～1949）
长11厘米，宽2厘米，厚4厘米
永定河文化博物馆藏

"宛平一区双涧子村新农会"印章

民国（1912～1949）
长10厘米，宽2厘米，厚2.5厘米
永定河文化博物馆藏

《整顿三风参考文件》

民国（1912～1949）
长 18.2 厘米，宽 12 厘米
首都博物馆藏

《七七事变六周年之际告日本国民书（日文）》

民国（1912～1949）
长 18.6 厘米，宽 12.6 厘米
首都博物馆藏

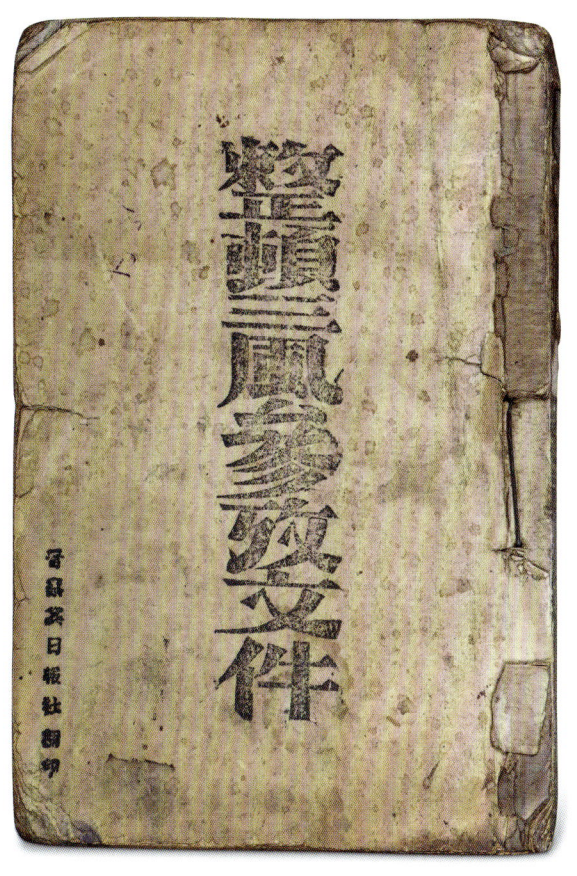

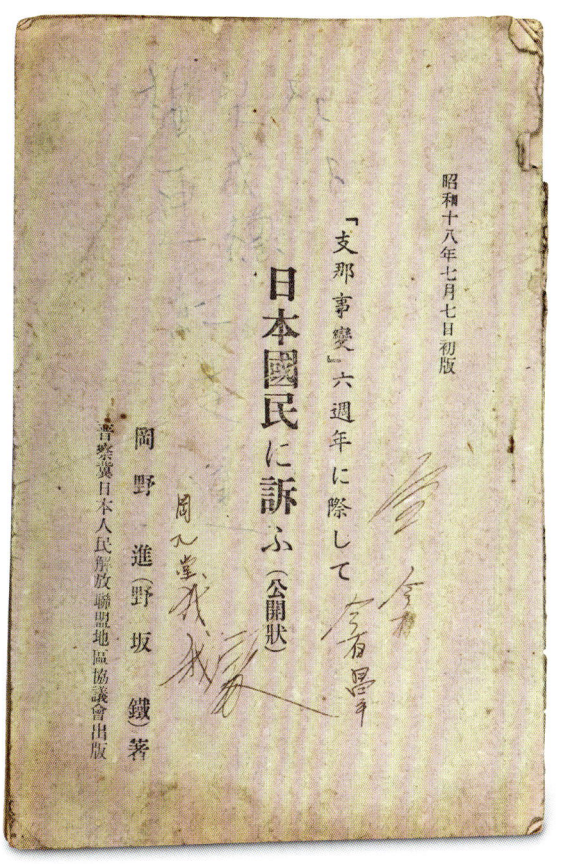

我缴获了一挺机关枪

1944年，八路军发起攻势作战，直逼平津市郊。1945年8月8日，苏联对日宣战，毛泽东发表《对日寇的最后一战》的声明，八路军总司令朱德发布反攻命令，西郊八路军迅速发起大反攻。

日军太阳旗

民国（1912～1949）
长75厘米，宽66.5厘米
首都博物馆藏

日军钢盔

民国（1912～1949）
高15.2～16.7厘米
首都博物馆藏

指挥刀和刺刀

民国（1912～1949）
长40.2～59厘米，宽2.1～9厘米
首都博物馆藏

《没有共产党就没有新中国》歌曲诞生地——堂上村景观图

"庆祝胜利，迎接和平"背包

民国（1912～1949）
长 25.7 厘米，宽 23.8 厘米
首都博物馆藏

怀涿县战斗英雄奖旗

民国（1912～1949）
长 69.5 厘米，宽 47 厘米
首都博物馆藏

（三）为新中国奠基

抗日战争胜利后，国民党发动内战。1945～1948年，西山地区的军民为保卫胜利果实，顽强抵抗国民党军的进攻，并取得胜利。1949年1月，北平和平解放。

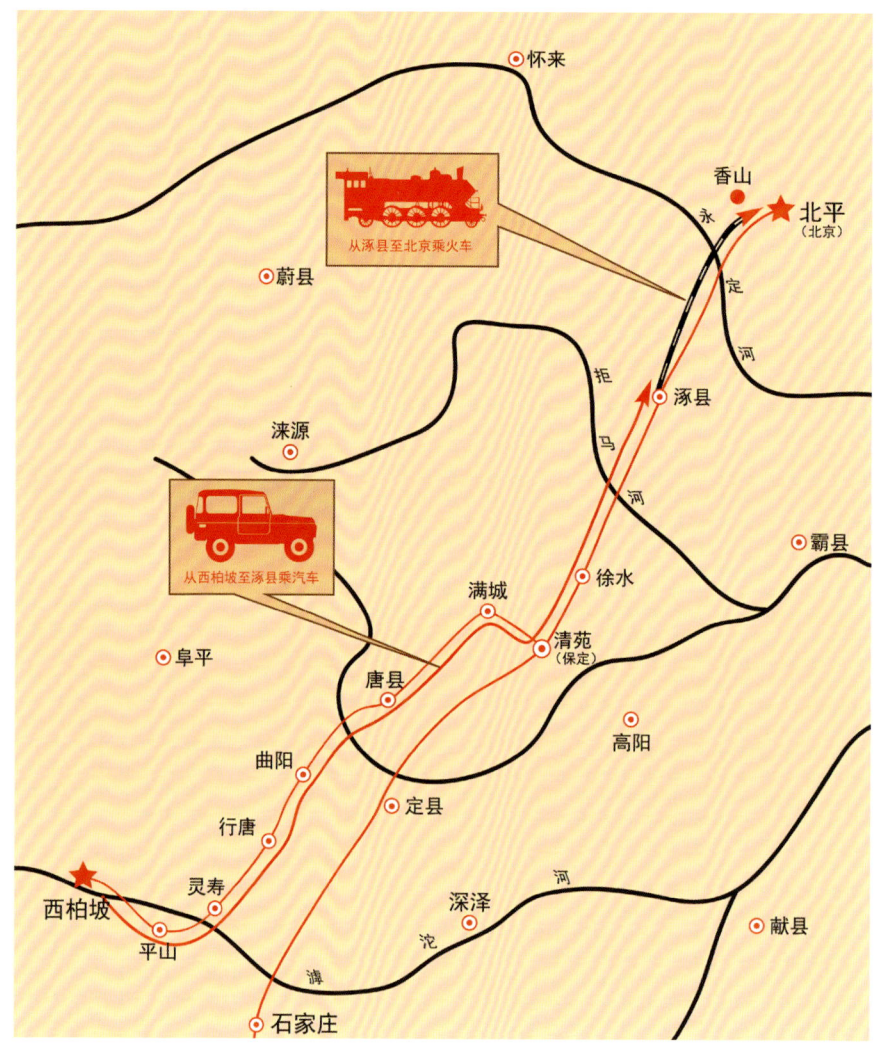

中共中央从西柏坡迁至西山路线图
1949年3月，随着解放战争的推进、北平的和平解放，中共中央和解放军总部驻地从西柏坡迁至北平。西郊香山成为中共中央进驻北平的首驻地。

毛泽东从西柏坡抵京当天，先后会见了李济深、傅作义、黄炎培、马叙伦、郭沫若等160多位各界人士。入驻香山不久，又先后接待了张澜、李济深、何香凝、沈钧儒、柳亚子等民主人士，共商建国大业。

1944年5月八路军收复妙峰山

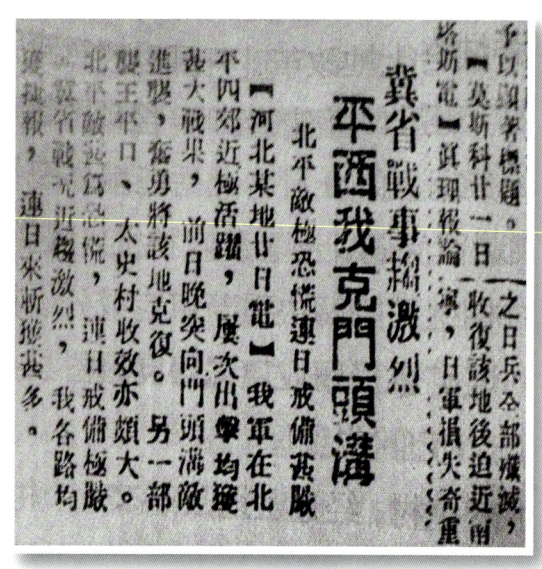

1948年《晋察冀日报》关于攻克门头沟的报道

《七律·人民解放军占领南京》
毛泽东

钟山风雨起苍黄，百万雄师过大江。
虎踞龙盘今胜昔，天翻地覆慨而慷。
宜将剩勇追穷寇，不可沽名学霸王。
天若有情天亦老，人间正道是沧桑。

香山双清别墅
[采自北京市文物局编：《北京文物地图集》（上），科学出版社，2009年]
位于京西香山的双清别墅，是平民教育家熊希龄于1918年所建，环境清幽，景色秀丽。1949年3月25日，毛泽东抵达北平，住进双清别墅，朱德、刘少奇、周恩来、任弼时住进双清别墅北侧的来青轩。

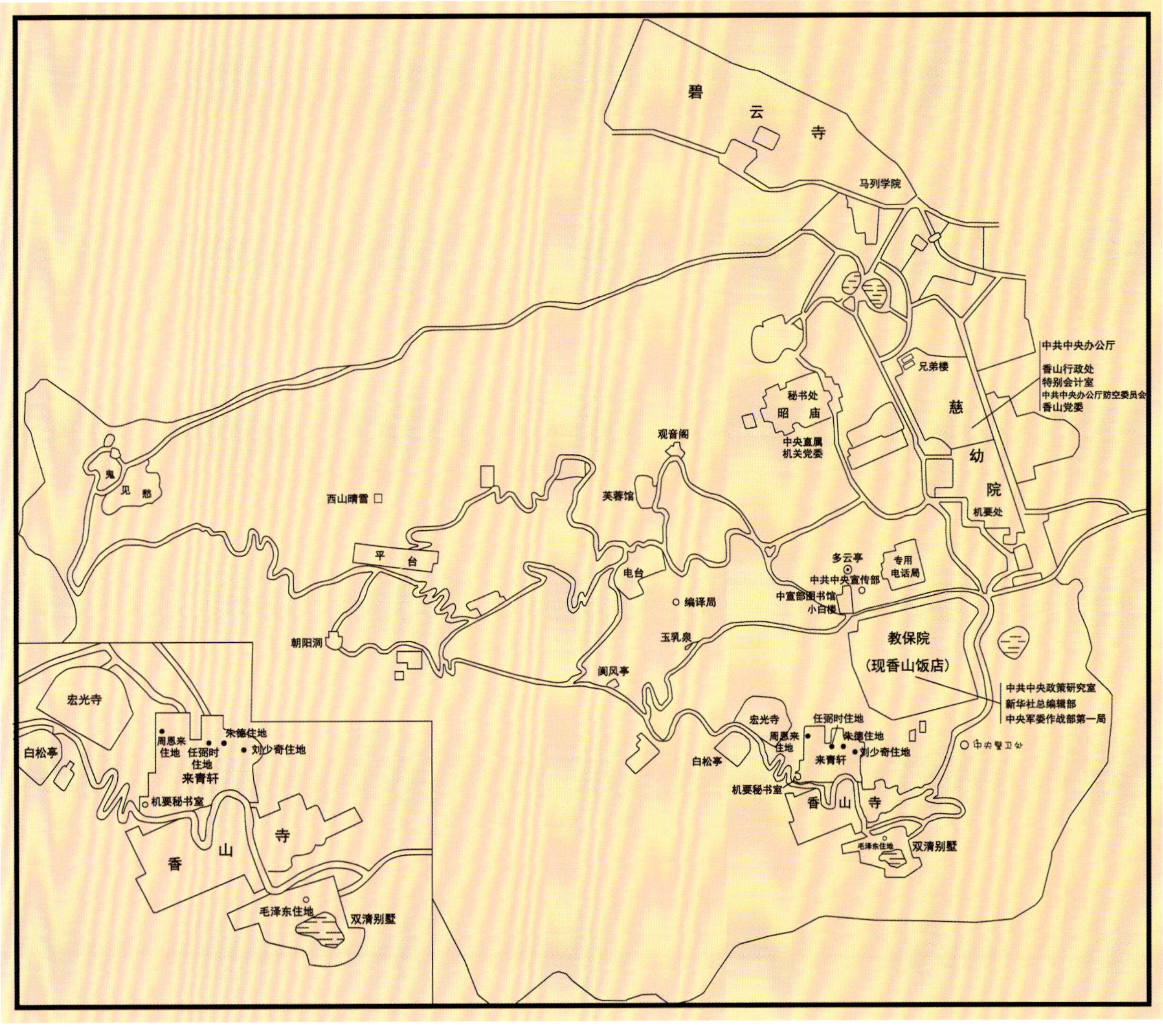

中共中央主要机关在香山分布示意图（1949年3～9月）
（采自中共北京市海淀区委党史研究室编：《中共中央在香山》，中共党史出版社，1993年）

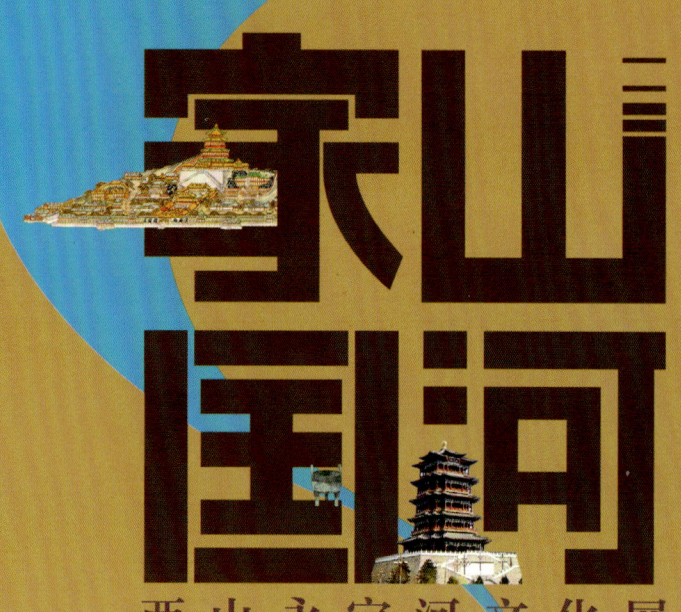

家山国河

西山永定河文化展

结语

西山永定河文化穿越百万年的历史时空,凝结着首都文化的根脉、特质和精华,体现了首善之区以"和"为本、人与自然和谐共生、多民族文化交汇融合、兼容并蓄的中华文明,昭示着旧中国走向新中国、踏上中华民族伟大复兴新征程的时代使命和创新精神。她完美地诠释出"北京历史文化是中华文明源远流长的伟大见证",并为世界文化遗产贡献出独特的中国样本。

《北京城市总体规划（2016年—2035年）》明确提出要加强西山永定河文化带、长城文化带、大运河文化带整体保护利用,打造北京历史文化名城的"金名片"。西山永定河文化带依托得天独厚的山水生态、古今相继的人文遗产,将为北京疏通古都文脉,促进历史文化与自然生态永续利用,建成国际一流的和谐宜居之都,发挥卓越的贡献。

阅尽沧海桑田,人类未曾改变对发展与和谐的不懈追求。今天,古老的西山永定河文化带正焕发着青春,迈向新时代更美好的明天!

《北京城市总体规划（2016年—2035年）》文化中心空间布局保障示意图

西山永定河文化带空间结构示意图

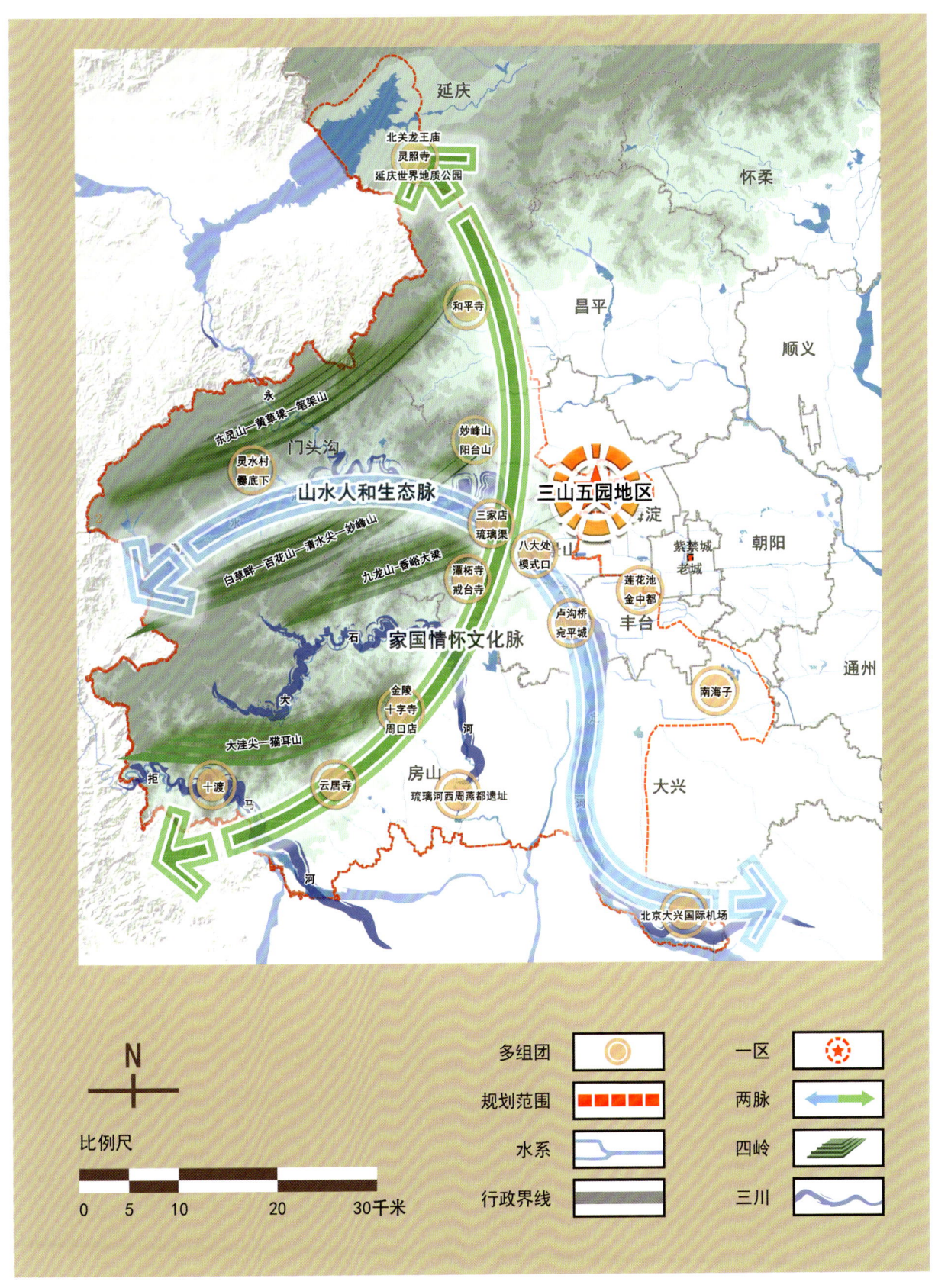

文化生态旅游组图

民俗文化交流组图

遗产保护组图